목차

들어가며

처음 책이 출간되었을 때만 해도 개정판을 내리라고 생각하지는 못했는데, 의외로 많은 분들이 좋아해 주셔서 개정판을 내게 되었습니다. 정말 감사합니다.

개정판은 크게 세가지의 변화가 있습니다.

- 표지의 변화.
- 오탈자 수정
- 프리랜서 개발자 라이프 섹션 추가

초판이 출간되었을 때 대부분의 커뮤니티 반응은 "이런 책이 실존한다는 말인가 ㅋㅋㅋ" 였습니다. 즐거웠습니다. :-) 가볍게 읽을 수 있도록 쓰려고 애썼기 때문에 더 마음에 들었습니다. 하지만 독자분들이 지하철에서 읽으실 때는 창피해하실 것 같아서 조금은 더 책처럼 보이도록 표지 디자인을 약간 수정했습니다.

오탈자 수정은 ... 제가 처음 책을 내 본 터라 꼼꼼히 살피지 못하고 노하우가 없어 오타 가득한 책을 낸 것 같아 송구스럽습니다. 그래서 가능하면 최소한 맞춤법은 맞춰야겠다고 생각하고 다시 점검했습니다.

프리랜서 개발자 라이프 섹션을 추가했습니다. 막 초보를 벗어난 후에 프리랜서로 살아가는 방법에 대해 다룹니다.

저자 소개

이 글을 쓰는 2020년 현재 저는 10년이 넘는 시간 동안 개발자로 일하고 있습니다.

지금은 SI에서 프리랜서로 일하고 있으며 과거에는 SI, SM, 솔루션 회사, 자체 서비스 회사, 파견 등 여러 가지 경험이 있습니다.

제가 지금까지 겪었던 시간이 누군가에게는 당연하지만 다른 누군가에게는 색다를 수 있기에 그 경험을 나누고자 합니다. 물론 제가 겪은 일이 업계 전체의 일을 대변하는 것도 아니고 일반화시키기에는 어려움이 있다는 점도 잘 알고 있습니다. 제 생각이 모든 SI에 종사하시는 분들의 생각과 일치하지는 않습니다. 그저 개인 의견입니다.

너무 일반화하지 마시고 전반적인 분위기를 읽으실 수 있으면 좋겠습니다.

생계형 개발자의 이야기를 나눕니다. 개발에 미쳐서 온 세상이 다 개발인 것처럼 구는 것이 아니라 개발도 좋아하고 개인의 삶도 좋아하는, 어찌 보면 개발이 다른 것보다 조금 더 잘하는 일인 **직업으로써의 개발자**인 삶을 생각해 봅니다.

1장. SI 프로젝트 이야기

이번 장은 프로젝트의 환경에 대해 다룹니다. 많은 경우 환경은 어쩔 수 없는 경우가 많으므로 미리 알고 있는 것이 대처에 도움이 될 거로 생각합니다.

1.1. SI 란 무엇인가요?

SI는 System Integration의 약자입니다. 시스템 개발을 하죠. 간단하게 말하면 어떤 사이트가 필요한 사람에게 돈을 받고 제품을 수작업으로 만들어주는 사업이 SI 사업입니다.
쉽게 생각해 볼게요.

- A 사에서 인사 관리 시스템이 필요합니다. (갑)
- A사는 인사관리 시스템을 만들어 줄 회사 B를 찾습니다. (을)
- B사는 A사의 인사 관리 시스템을 만들 인력을 모집합니다. (병1)
- 또한, B사가 직접 모든 인원을 관리하기는 현실적으로 어려우므로 자신과 같이 프로젝트를 할 다른 하청 업체를 찾습니다. (병2)
- 병2는 B사의 하청을 받아 A사의 인사 관리 시스템을 만들 개발자들을 모집합니다. (정)
- 이제 사람들이 모였으니 개발을 시작합니다.
- 그리고 웹사이트가 다 만들어졌으므로 발주를 한 갑사(A) 에게 결과물을 넘겨줍니다.
- 이렇게 하면 SI 프로젝트가 끝납니다.

1.2. 일반적인 프로젝트 진행 순서

일반적인 프로젝트 진행 순서에 대해서 요약해 봅니다.
6개월 프로젝트를 가정해 보겠습니다.

항목	1	2	3	4	5	6
분석설계	O	O	--	--	--	--
공통개발	--	O	O	수정	수정	--
일반개발	--		O	수정	수정	--
검수/테스트	--	--	--	O	--	--
감리/마무리	--	--	--	--	O	--
개발기간변경	--	--	--	--	--	X

사전단계
갑 이 사전 요구사항을 적어놓은 RFP를 기반으로 최저가 입찰을 합니다.
실제로 시스템을 만들 을 수행사가 선정됩니다.

1개월 차
분석 설계를 시작합니다.
을 수행사에서 갑의 요구사항을 정리하고 한편으로는 함께 일을 할 하도급 업체들을 모집합니다.
일단 요구사항에 따라 DB 설계를 진행합니다.

2개월 차
분석 설계를 진행 중입니다. 굵직한 요구사항은 정리되었지만

, 세부적으로는 아직 정책이 정해지지 않은 것이 많습니다.

공통 개발자들이 투입됩니다. 공통이라는 것은 다 함께 쓰는 모듈을 말합니다. 로그인 등의 인증. 국가코드. 핵심 비즈니스 컴포넌트 등을 말합니다.

DB 설계가 조금 더 구체적이 되거나 수정됩니다.

3개월차

분석설계가 표면상으로는 정리되었습니다.

공통 개발자들은 조금 더 세부적인 것들을 정리합니다. 로깅이나 트랜잭션 같이 시스템 전반에 영향을 미치는 부분에 대해서도 정책에 따라 기능을 만들어 냅니다.

DB 설계는 개발을 일단 시작할 수 있는 수준으로 나와 있습니다.

일반 개발자들이 투입됩니다. 일반 개발자란 개별 웹 페이지를 만들어 낼 사람들입니다. 이제 분석 설계한 문서에 따라 실제 코드를 만듭니다.

아직은 엄청나게 힘든 단계는 아닙니다.

4개월차

갑의 요구사항이 바뀝니다. 따라서 분석 설계하시는 분들이 관리 업무와 동시에 다시 요구사항을 정리합니다.

공통 모듈은 요구사항에 따라 바뀔 수도, 안 바뀔 수도 있습니다. 갑자기 소셜 로그인 기능 등이 추가되었다면 바뀌어야 하겠지요.

당연히 데이터베이스는 요구사항에 따라 새롭게 변경 설계되어야 합니다.

일반 개발자 중 요구사항이 변경된 부분을 맡은 사람들이 변경된 사항들을 수정하기 시작합니다.

요구사항이 바뀌지 않은 사람들도 계속 일정에 따라 본인의 업무를 만들어 나갑니다.

이미 완료된 모듈에 대해서 검수/테스트가 진행됩니다. 기능

하나만으로 버그가 있을 수도 있고 없을 수도 있습니다. 기능 여러 개를 연계했을 때 버그가 나오는 일도 있으므로 여러 가지 측면에서 살펴봅니다.

프로젝트 상황에 따라 슬슬 야근 이야기가 나옵니다.

5개월차

갑은 여러 가지 이유로 프로젝트 일정을 당기고 싶어 합니다. 따라서 소수 인원만 6월까지 남기고 나머지 인원들은 5월까지만 근무하는 게 좋겠다고 말합니다.

아직 수정 요구사항도 정리가 다 안 된 상태입니다. 어떻게 보면 당연합니다. 갑은 개발분야의 전문가가 아니고 직접 보기 전까지는 원하는 모습이 뭔지 본인들도 잘 모릅니다.

개발자들은 뭔가를 만들고 있기는 한데 언제 어떻게 코드가 바뀔지 모르므로 가능한 느슨하게 코드를 짭니다. 한군데만 바꿔도 나머지 코드에 영향이 없기를 기도합니다. 그리고 그 한군데는 대부분 SQL 쿼리입니다.

검수/테스트에 대해서도 계속 진행됩니다. 버그는 수정해야 하니까요.

감리가 시작됩니다. 감리는 프로젝트가 잘 수행되었는지 감사하는 걸 말합니다.

문서화 작업이 시작됩니다. 산출물이라고 해서 누가 읽는지는 모르지만 안 받아놓을 수는 없는 문서 뭉치를 몇십 페이지씩 만들어냅니다.

프로젝트 상황에 따라 주말 출근 이야기가 나옵니다. 정시 퇴근 시에는 퇴근해야 하는 사유를 뭐라고 말해야 하는지 고민해야 합니다.

6개월 차

소수의 인원만 남기고 모두 철수하거나 계약을 종료합니다. 갑은 아직도 수정사항을 쏟아냅니다. 정상적인 PM이라면 갑사와 협의해서 어떻게든 범위를 줄이려고 애씁니다.

남은 개발자들은 a) 기존 본인의 개발 분량 b) 다른 사람이 만들다 만 개발코드 c) 버그의 처리 d) 테스트 e) 안정화 작업 f) 남은 문서 쓰기를 동시에 진행합니다.

내가 코드를 쓰는지 코드가 나를 쓰는지 모르는 지경이 됩니다.

개발 기간이 6개월이라고 6개월 내내 코드를 만드는 것이 아니라는 것을 깨닫습니다.

3개월짜리 프로젝트라면 위 기간을 절반으로 압축한다고 보면 됩니다.

1.3. 프로젝트의 인력 구성

프로젝트의 인력은 대략 아래와 같이 구성됩니다

- 갑사의 직원 : 프로젝트를 발주한 회사의 직원입니다. 보통 고객이라고도 말합니다. 원하는 요구사항들을 풀어냅니다.
- 하청업체의 직원 : 고객으로부터 수주를 받은 회사의 직원입니다. 요구사항을 정리하고 개발을 합니다.
- 하청업체의 프리랜서 : 하청업체로부터 프로젝트 끝날 때 까지만 고용된 계약직 노동자들입니다.
- 하청업체의 하청업체의 직원 혹은 프리랜서 : 하는 일은 하청업체의 직원 혹은 프리랜서와 같지만 처우는 조금 더 나쁩니다. 재하청업체도 돈을 벌어야 하기 때문입니다.

직군별 인력 구성
가장 흔하게 나눌 수 있는 케이스는 기획자, 디자이너 + 퍼블리셔, 개발자 3종 세트입니다.

- 기획자 : 요구사항을 받아서 정리하고 문서를 만들며 프로젝트의 진행 상황을 체크합니다.
- 디자이너 : 웹페이지에 들어가는 디자인을 합니다.
- 퍼블리셔 : 디자이너가 만든 디자인 파일 (PSD) 을 잘라내서 웹에서 인식할 수 있는 HTML로 만들어냅니다
- 개발자 : 프로그램을 만듭니다.

추가로 큰 프로젝트에 들어가는 직군이 있습니다.

- AA : Application Architect입니다. 어플리케이션의 구조를 결정합니다.
- TA : Technical Architect입니다. 망 구성 등의 인프라를 책임집니다.
- DBA : DataBase Administrator입니다. 데이터베이스 구조를 짜고 인덱스 등을 최적화합니다.
- 사업관리 : 사업을 진행하기 위해서는 개발하는 일 말고도 부가적인 일들이 많습니다. 부가적이고 행정적인 일을 진행하는 분들입니다.
- 오퍼레이터 : 데이터 입력 작업 혹은 모니터링 등의 업무를 수행하시는 분들입니다.

역할별로 나눠볼 수도 있습니다.

- 총괄 PM : Project Manager로 프로젝트를 총괄합니다. 보통 갑사에서 직접 오더를 받은 을 사의 최고 책임자입니다.
- 개별 PM : 큰 프로젝트는 동시에 여러 파트가 개발이 진행됩니다. 각 파트들을 책임지는 분들입니다. 작은 프로젝트에서는 총괄 PM = 개별 PM이 됩니다.
- PL : Project Leader입니다. 각자 맡은 파트의 기술적인 부분을 컨트롤하고, 필요하다면 PM을 도와서 회의를 가거나 하는 역할을 합니다.
- 일반직군 : 그 외 모든 개발자와 기획자와 디자이너 등 실무를 하시는 분들입니다.

1.4. SI는 기능을 팝니다.

SI는 기능을 판매합니다. 기능 목록 100개 처리하는데 1달, 이런 식이죠.

기능은 시간 내에 만들어져야 합니다. 시간이 넘어가면 인건비가 더 나가거든요. 그럼 기능 하나당 가격이 더 비싸지기 때문에 절대 시간이 초과하면 안됩니다.

기능을 파는 곳에서는 **품질**을 기대하지 않습니다. 아무도 다이소에서 산 휴대용 청소기가 다이슨과 같은 가치를 가지고 있다고 믿지 않는 것과 똑같습니다.

만드는 사람도 기능을 판매한다는 것을 알기 때문에 본연의 할 일에 집중합니다. 프로그램 내부에서는 하드 코딩으로 손으로 납땜했더라도 청소만 잘 된다면 문제없다고 생각합니다.

1.5. 빨리빨리

빨리빨리. 빨리빨리. 빨리빨리.
소위 지옥의 불구덩이인 프로젝트도 있고, 상대적으로 여유가
있는 프로젝트도 있습니다만 SI라면 어디서든 동일하게 적용
되는 원칙이 하나 있습니다.
바로 빨리빨리 입니다.
SI 프로젝트에서 개발자의 역량 중 가장 중요한 것은 요구사
항을 얼마나 빨리 처리할 수 있는가입니다.

멋진 설계는 AA가 합니다.
업무 협의는 PM이 합니다.
일반 개발자는 PM이 협의하고 AA가 설계한 시스템을 그대로
만들어냅니다.
이런 의미에서의 개발자는 기능공에 가깝습니다.

SI 프로젝트는 하루하루가 돈과 직결됩니다.
예산 안에서 모든 일을 끝내야 합니다.
프로젝트가 하루라도 늘어나는 순간 인건비나 사무실 임대비
용 등 추가로 비용을 지출해야 합니다.

개발자들도 빨리빨리에 익숙해져 있습니다.
예산과 일정 안에서 모든 일을 끝내야 하므로 업무가 빡빡하
게 산정되어 있는 경우가 많습니다.
하드한 일정 속에서 요구사항이 변경되지만, 일정은 변경되지
않는 일도 비일비재합니다.
이런 환경 속에서는 빨리빨리 해 두어야 조금이라도 머리를
환기하거나, 혹은 다른 업무를 처리할 수 있으므로 모두 빨리
빨리 일합니다.

1.6. 멘탈이 강해야 합니다.

SI 프로젝트를 하고 싶으면 멘탈이 강해야 합니다.
SI 프로젝트라고 해서 사람들이 생각하는 것처럼 욕하고 살벌한 분위기인 경우는 사실 많이 없습니다.
그런데도 멘탈이 강해야 하는 이유는 몇 가지가 있습니다.

첫 번째로 요구사항 변경이 비일비재하게 일어납니다.
요구사항 변경이 비일비재하게 일어난다면 기존에 구축해 놓은 시스템을 수정해야 하는 일이 자주 일어난다는 뜻입니다.
간단한 수정이라면 그나마 낫지만, 설계를 갈아엎어야 하는 일도 자주 일어납니다.
똑같은 일을 세 번 네 번 반복했는데 최종적으로는 첫번째 안으로 가자는 일도 많이 일어납니다.

두 번째로 모두 다 지쳐있습니다.
매일매일 빡빡하게 일하다 보면 다들 몸과 마음에 여유가 없습니다.
여유가 없으니 다른 사람을 돌아볼 여유가 없고 항상 날 서 있는 상태가 됩니다.

세 번째로 무능한 동료가 옆에 있습니다.
본인의 일정을 정상적으로 소화하지 못하는 동료가 있습니다.
프로젝트를 끝내야 하는데 옆 사람이 진도를 못 나가면 누군가가 옆 사람의 업무를 나누어서 해야 합니다.
그게 내 일이 되는 순간 멘탈이 부서지는 경우가 많습니다.
본인 일도 바쁜데 옆 사람 일까지 해야 하니까요.

물론 옆에 있는 동료도 나를 무능하게 볼 가능성이 얼마든지 있으니 너무 성급한 판단을 내리지는 마세요. 주위를 둘러봤는데 모두 유능해 보인다면 바로 내가 무능한 동료입니다.

1.7. 월화수목금금금

SI 프로젝트가 지옥처럼 일하고 매일 월화수목금금금만 한다고 오해하실 수도 있지만, 이는 사실이 아닙니다.
프로젝트 기간 내내 뭘 하고 놀지 고민하는 프로젝트도 있고 인간이 이렇게까지 일을 할 수 있구나…. 를 깨닫는 프로젝트도 있습니다.
여유 있게 있다가 어느 시기가 되면 월화수목금금금을 시작하는 프로젝트도 있습니다.
일이 몰렸거나 오픈일 전후에는 아무리 한가한 프로젝트라도 월화수목금금금을 시작합니다.
운이 없는 경우 프로젝트 시작부터 끝까지 월화수목금금금을 하는 곳도 있습니다.
프로젝트는 케이스 바이 케이스이므로, 모든 업계가 그렇게 일한다고 오해하면 안 됩니다.

그런데 야근과 주말 출근이 비단 SI 업종의 일만은 아닙니다.
만약 작은 가게 하나를 오픈한다고 해도, 오픈할 때까지는 수많은 일을 신경을 써야 하고, 밤늦게까지 점검하고 주말에도 확인해야 합니다.

물론 다른 업종이 월화수목금금금을 한다고 해서 SI 업계가 하는 것이 당연해지는 것은 아닙니다.
원래는 주 중에 일하고 남은 일은 다음 주에 해야죠.
하지만 하루하루가 돈인 업계에서 그런 일은 용납되지 않습니다.
월화수목금금금을 당연하게 받아들이는 것은 돈의 지급이 **일별**이 아니라 **월별**로 지급되기 때문입니다. 한 달에 며칠을 일하든 같은 돈을 지급하니까요.

일정이 지연되거나 예정대로 진행되지 않을 때에는 분명히 어떤 이유가 있을 것입니다.

그 근본적인 원인을 찾지 않고 일하는 노동자의 희생으로만 현상을 무마하는 것은 누구에게도 도움이 되지 않습니다.

- 시스템 오픈은 되었지만, 발주자는 품질이 떨어지고 오류가 많은 시스템을 구매한 형태가 됩니다.
- 실제로 노동력을 제공한 노동자는 근무 시간을 초과함으로써 생기는 건강상의 문제 혹은 스트레스 등을 감당해야 합니다.
- 실제로 시스템을 써야 하는 사용자는 불안정하고 언제 오류가 날지 모르는 불안한 시스템을 사용해야 합니다.

1.8. WBS 는 의미가 없습니다.

WBS 는 의미가 없습니다.

WBS는 Work Breakdown Structure입니다. 우리말로는 업무 분업 구조라고 합니다.
쉽게 말하면 누가 며칠부터 며칠까지 어떤 업무를 할지를 나타낸 표입니다.

SI 프로젝트에서는 일정을 관리하는 사람이 있습니다.
그게 PM일 수도 있고, 따로 PMO가 있을 수도 있고, 기획자일 수도 있고 명칭이야 뭐가 됐든 여하튼 따로 일정을 관리하는 사람이 있습니다.
이분들은 WBS를 작성합니다. 계획을 세우는 겁니다.

물론 인생은 늘 그렇듯이 계획대로 되지 않습니다.
그래도 계획을 세워야 하는 것은 계획조차 없으면 이정표조차 되지 못하기 때문입니다.

어차피 프로젝트는 WBS대로 흘러가지 않습니다.
SI에서 개발을 진행하다 보면 A 업무 하다가 말고 B 업무가 급하다고 들어오고, B 업무 처리하다 보면 C 문서처리 들어오고, 그러다 보면 A는 까맣게 잊고 있다가 나중에 부랴부랴 수정하고 하는 일이 대단히 많습니다.
이러한 일정 변경을 모두 WBS에 반영하는 것은 무리입니다.
WBS를 관리하시는 분도 그 업무만 하는 것도 아니고, 심지어 굉장히 성실하게 모든 일정 변경을 WBS에 반영했다고 해도 그대로 흘러가는 것도 아니기 때문입니다.

그러니까 WBS에 너무 스트레스받지 마시고 연연해 하지 마세요.

1.9. 요구사항 정의는 원래 시도때도 없이 바뀝니다.

요구사항이 바뀌는 건 당연한 겁니다. 누구를 탓할 일이 아닙니다.
고객은 뭔가가 만들어져서 눈으로 보고 작동시켜 볼 때까지는 사실 진짜로 원하는 게 뭔지 모릅니다.
고객뿐만이 아니라 여러분도 똑같이 모릅니다.

네이버가 개편할 때마다 가장 많이 듣는 소리는 "왜 이렇게 불편하게 바꿨느냐…" 입니다. 네이버는 그걸 듣고 고쳐야 할 필요성이 있다고 판단되면 또 수정합니다.
SI도 똑같습니다. 차이가 있다면 네이버는 일단 만들어놓고 피드백을 받고 다시 수정하지만 우리는 아직 다 안 만들었는데 피드백을 받고 수정을 하는 차이밖에 없습니다.

이런 일은 한국에서만 있는 일은 아닙니다. 전 세계적으로 비일비재하게 일어나기 때문에 프로토타이핑 도구들도 사방에 널려있습니다. 아쉬운 건 프로토타이핑 도구를 사용해도 그다지 차이는 없다는 점입니다. 고객은 실제 데이터로 확인하기를 원하거든요.

1.10. 잦은 요구사항 변경

요구사항이 자꾸 바뀌어서 힘들어하실 수 있다는 것 알고 있습니다.
하지만 요구사항 변경은 당연한 겁니다.
고객은 완성품이 나올 때까지 본인이 뭘 원하는지 잘 모릅니다.
사실 개발자들도 몰라요. 만들어질 때까지 짐작도 안갑니다.

와이어프레임이라는 게 있습니다. 완성품이 아니라 대충 모양만 만들어서 미리 보여주는 겁니다.
와이어프레임은 어떨 때는 대안이 되기도 하고, 어떨 때는 아무 도움도 되지 않습니다. 고객의 성향에 따라 완성품을 보고 나서야 피드백을 주는 사람도 있고, 반대로 프로토타입 단계에서부터 피드백을 주는 사람도 있기 때문입니다.

사실 요구사항 변경 자체가 문제가 아닐 가능성이 큽니다.
시간이 고정되어 있는데 요구사항이 변경되어서 계획한 일정에 차질이 생기는 것이 문제가 되는 거죠.

이제부터는 보통 PM 님의 협상 능력이 관건이 됩니다.
PM 님이 협상을 잘해서 요구사항 변경의 범위를 최소화시키면 요구사항 변경으로 인한 스트레스가 적어집니다.
반대로 고객과의 협상이 어렵다면 요구사항 변경이 커지고 스트레스도 커집니다.

일반 개발자는 불가항력입니다. 어차피 내 힘으로 바꿀 수 없는 것이라면 크게 스트레스받지 마세요. SI에서는 덤덤한 태도가 나의 정신건강을 지킵니다.

1.11. 요구사항 변경에 대한 본질적인 고찰

40층 건물이 올라갔는데 옆으로 10㎝만 옮겨주세요 라는 게
요구사항 변경입니다.
고객 입장에서는 고작 10㎝ 이지만 옮기기 위해서는 기반 공
사부터 다시 해야 합니다.

1.12. 설계가 바뀌어요.

설계가 바뀌는 경우도 종종 있습니다. 이유는 크게 두 가지입니다.

첫 번째는 설계자도 사람이라서 놓치는 부분이 있을 수 있습니다.
두 번째는 요구사항이 변경되는 가장 흔한 경우입니다.
설계자가 미처 생각하지 못한 부분에 대해서든 요구사항이 변경되는 거든 결국 뭔가가 바뀌는 건 똑같죠.

프로그램의 설계가 바뀌면 당연히 다시 만들어야 합니다.
그렇지만 한번 만들었던 것을 수정한다고 불만을 품기보다는 이것이 원래 개발자의 업무라는 걸 잊지 마세요.
SI 든 스타트업이든 어디든 똑같습니다. 계속 바꾸는 게 우리의 직업이에요. 계속 바꾸지 않고 처음 만들어진 그대로 간다면 사실 이렇게 많은 개발자는 필요 없습니다.
오히려 뭔가를 바꾸는 데 익숙해지는 것이 개발자로 살아남는 스킬에는 더 많은 도움이 됩니다.

1.13. 개발 이터레이션

개발 이터레이션은 얼마나 빠른 주기로 코드를 개선할 것인가에 대한 논제입니다.

SI 개발자는 이런 말을 신경 쓰지 않아도 됩니다. 코드를 개선하지 않으니까요.

만들고 나면 프로젝트는 끝입니다. 개선이라는 말은 SM에서나 존재하는 단어입니다.

1.14. SI에서 애자일은 안되고 워터폴은 되는 이유

워터폴은 폭포수 모델이라고 부릅니다.
위에서 요구사항이 내려오면 사람들이 부지런히 일하면 되는 깔끔한 개발 방법론입니다.
구체적으로는 분석, 설계, 개발, 테스트를 순서대로 진행하면 됩니다.

그런데 인생은 쉽지 않고 프로그램은 마음대로 안 만들어집니다.
폭포수 모델이 성공하려면 가장 위에서 흐르는 물이 바뀌지 않는다는 대전제가 필요합니다.
하지만 비단 한국뿐만 아니라 어디도 클라이언트의 마음이 안 바뀌는 곳은 없습니다.

워터폴에 반기를 들고나온 것이 애자일입니다. 사람 마음을 바꿀 수는 없으니 프로세스를 바꾸자. 작은 이터레이션을 반복해서 고객 마음에 들 때까지 계속 고치자. 이게 애자일입니다.
애자일은 고객 만족을 목표로 하고 끊임없이 개선되는 소프트웨어를 가정하는데 이게 성공하려면 무제한 시간이 필요하다는 특징이 있습니다.
서비스 기업은 가능합니다. 이미 베타 버전으로 어떤 식으로든 돈을 벌고 있고 더 많은 돈을 벌기 위해 시스템을 개선해 나가니까요.
즉 애자일은 프로그램의 라이프싸이클과 개발기간의 라이프싸이클이 동일할 때만 가능합니다.

SI에서 애자일이 성공할 수 없는 이유는 비용으로 환산되는 시간이 고정되어 있기 때문입니다.

SI에서 성공한 프로젝트라는 의미는 **고객 만족이 아닙니다.**
고객 만족도 중요하겠지만 **정해진 시간 내에 기능 목록이 몇
% 이상 완성되었는지가** 성공의 기준입니다.

서비스 기업과 SI는 서로 지향점 자체가 다릅니다. 따라서 방
법도 다릅니다.

1.15. 건설현장과 SI 프로젝트는 비슷합니다.

건설현장과 SI 프로젝트는 비슷합니다.
건설현장에서는 그때그때 필요에 따라 사람들을 모집하고 공사가 끝나면 다시 서로 다른 현장으로 흩어집니다.

SI 프로젝트도 비슷합니다.
그때그때 필요에 따라 사람들을 모집하고 프로젝트가 끝나면 서로 다른 프로젝트로 흩어지죠.

단 한 가지 다른 것은 퇴근 여부입니다.
건설 현장은 어두우면 일을 할 수 없으니 때문에 해 지면 퇴근합니다.
SI 현장은 어차피 사무실에서 일하니까 불만 켜면 되므로 퇴근에 시간제한이 없습니다.

1.16. 변형된 워터폴 모델

폭포수 모델은 요구사항이 변경되지 않음을 전제로 합니다.
그런데 그런 일은 우리에게 있을 수가 없죠.
SI뿐만 아니라 세상 어디에도 그런 일은 없습니다.
그래서 SI는 변형된 워터폴을 사용합니다.

우선 요구사항이라는 큰 물줄기를 쏟아냅니다.
밑에서 열심히 사람들이 물을 양동이에 담듯 개발을 합니다.

요구사항이 바뀝니다. 옆에서 다른 폭포수가 하나 더 흘러나
오죠.
누군가가 사람들에게 지시합니다. 하시던 일 멈추고 새로운
폭포수의 물을 퍼 담으세요.
이런 식으로 폭포가 십여 개쯤 생기고 나면 이 양동이가 첫 번
째 물을 담은 양동이인지 다섯 번째인지 열 번째인지 아무도
모릅니다.
시간은 계속 흘러갑니다.

갑자기 누군가가 외칩니다. 테스트 시간!
사람들은 양동이의 물을 개울로 흘려보냅니다. 잘 흘러가면
마지막 폭포수에서 잘 담은 거고 갑자기 개울물이 탁해지면
잘못된 양동이인 겁니다.
운이 좋으면 첫 번째 양동이의 물이 잘 흘러갈 수도 있어요.
그럴 때는 럭키를 외치시면 됩니다.

이렇게 양동이를 가려내고 나면 누군가가 외칩니다.
프로젝트 종료. 수고하셨습니다.
사람들은 땀이 범벅된 채로 집에 갑니다.

SI 사람들은 이런 워터폴 모델이 좋아서 하는 게 아닙니다. 이

것 말고는 커다란 프로젝트를 시간 내에 완수할 방법을 못 찾은 것뿐입니다. 일부러 고생하기 위한 모델을 유지할 만큼 어리석은 사람들은 아닙니다.

1.17. 남녀 평등

SI에서는 남녀도 평등합니다.
SI 프로젝트는 남/녀가 구분이 필요한 업무를 하지 않습니다.
프로그램을 개발하는 일은 성별과는 아무런 연관관계도 없으
니까요

유리 천장은 없습니다.
유리 천장이라고 하면 여자라서 진급이 되지 않거나 하는 부
당한 일을 겪을 수 있는 현상을 말하는데 특별히 여자라고 해
서 유리 천장이 있다거나 한 경우도 못 봤습니다.
SI에서는 오로지 [초급, 중급, 고급, 특급]으로만 사람을 나누
기 때문에 성별의 잣대는 전혀 들어가지 않습니다.
여자라고 해서 급여가 차감된다거나 하는 일도 없습니다.

다만 성별에 따른 대우도 없습니다.
일부 분들은 여자니까 더 대우해 달라는 요청을 하시는 분들
도 있습니다.
업무상 불가피한 야근에서 제외해 달라는 요청을 하시는 분들
도 있고, 어려운 일들은 남자들이 하는 게 맞지 않느냐는 분들
도 계셨습니다.
SI는 여성이라고 차별하는 게 없는 만큼 더 우대해주는 것도
없습니다.
일도 각각의 능력에 따라 똑같이 나누고, 필요하면 다 똑같이
야근합니다.
그리고 SI에 적응한 대부분의 여성분은 그걸 당연하게 생각합
니다.

수평적 평등에 익숙하지 않고 대접받기를 좋아하시는 분들은
남녀를 불문하고 오랫동안 일을 계속하기 어렵습니다.

이는 SI 업계뿐만 아니라 어딜 가도 마찬가지가 아닐까라고
생각합니다

1.18. 경력 단절이라는 말은 SI에 존재하지 않습니다.

경력 단절이라는 말은 SI에 존재하지 않습니다.

경력이 단절되는 일은 생각보다 많습니다.
여성의 경우 임신, 출산, 육아로 인한 경력 단절이 가장 흔한 사례겠지요.
남성의 경우 다른 업계로의 이직, 사업, 사고 등 여러 가지 상황이 있을 것으로 생각합니다.

그런데 SI 업계에서는 경력 단절이라는 말은 전혀 없습니다.

만약 여성개발자가 출산 및 육아 이슈로 30살에 일을 그만두었습니다. 이때가 경력 5년 차입니다.
아이가 어느 정도 커서 다시 일을 시작할 수 있게 되었습니다. 여성개발자는 35세가 되었습니다.
그렇다면 이 여성개발자는 다시 일을 시작할 수 있을까요?
가능합니다. 경력이 리셋되는 일도 없습니다. 그냥 35세에 다시 5년 차로 시작하는 겁니다. 마치 어제 일을 그만뒀던 사람처럼요.

개발 업무라는 것이 자전거 타는 것과 비슷한 면이 있습니다.
한번 개발자적인 사고방식에 익숙해지면 처음 몇 번은 뒤뚱거려도 금방 다시 자전거를 탈 수 있게 됩니다.

만일 경력 단절을 이유로 급여를 낮추려고 하는 회사가 있다면 단칼에 거절하세요.
그 회사는 상위 회사에서 중급 단가를 받고 개발자에게는 초급 단가를 주는 나쁜 회사일 가능성이 큽니다.

1.19. (분석설계) 문서는 정말 잘 쓰여 있습니다.

분석설계 문서는 정말 잘 쓰여 있습니다. 누가 봐도 깔끔하고 예쁘며 마음에 들 법한 내용으로 꽉 차 있습니다.

단점이 있다면 별로 쓸모는 없습니다. 분석설계를 잘하지 못해서가 아닙니다. 문서가 양식이 이상하기 때문도 아닙니다. 그냥 분석 설계할 때의 요구사항과 지금의 요구사항은 **이름만 똑같지 전혀 다른 요구사항**이기 때문입니다.

개발자들은 대부분 문서 작성을 아주 싫어합니다. 하지만 좋은 서식을 많이 봐 두면 나중에 부득이하게 문서를 작성해야 할 일이 올 때 고생을 덜 할 수 있습니다. 그런 의미에서 분석 설계 문서는 쓸모가 있습니다.

1.20. 분위기가 험악한가요?

늘 그런 건 아닙니다.

그럴 때도 있고 아닐 때도 있습니다.

분위기는 SI의 문제라기보다는 사람의 문제인 경우가 많습니다.

물론 프로젝트가 잘 안 풀리면 분위기가 험악해지기는 합니다.

그렇다고 프로젝트 기간 내내 분위기가 험악한 건 아니니 너무 걱정하지 않으셔도 됩니다.

1.21. 야근과 주말 출근시 돈을 더 주나요?

야근하고 주말 출근을 한다고 해서 돈을 더 주고 그런 건 없습니다.

요구사항이 바뀐다고 기간이 늘어나는 일도 없습니다. 당연히 기간이 늘어나지 않으니 돈을 더 받는 일도 없습니다.
물론 무리한 변경으로 프로젝트가 안 끝나서 기간이 연장될 수는 있습니다. 이때는 돈을 더 줍니다. 우리는 일용직 노동자에 가까워서 출근하는 날짜 수에 따라 돈을 주거든요.

보통 갑과 을 사이, 업체 대 업체에서는 "이번 프로젝트를 약간 무리해서라도 끝내주면 다음번 프로젝트를 수주할 수 있게 도와줄게" 라는 말이 오가는 경우가 있습니다.
하지만 안타깝게도 여기서 얻는 혜택은 수주를 받는 "을" 사가 받게 됩니다. 그 혜택을 받기 위해서 일하는 개발자들 몫이 아닙니다.

아주 가끔 선심 쓰듯이 밥을 사 주거나 선물 같은 걸 사오는 업체도 있습니다만 굉장히 희소합니다.

돈을 더 못 받는다고 야근과 주말출근을 무조건 하지 말라는 뜻은 아닙니다. 일이 있으면 해야죠.

1.22. 야근과 주말 출근시 식대와 택시비가 있나요?

가장 좋은 시나리오는 야근과 주말 출근이 없는 것입니다. 하지만 부득이하게 야근 혹은 주말 출근이 있는 경우에는 대부분 식대가 있습니다.

식대는 저녁밥을 먹으면 보통 사줍니다. 프리랜서든 정규직이든 자기 돈으로 사 먹으라는 곳은 거의 없습니다.
야근도 하는데 밥도 내 돈으로 먹으라는 업체가 있다면 그냥 정시에 **퇴근**해 버리시고 왜 야근 안 했느냐고 물어보면 밥도 안 사줘서 집에 갔다고 해 보세요. 그럼 다음날부터 야근 시에는 밥을 사 주게 됩니다.

주말 출근의 경우에도 밥은 사 줍니다. 이때는 보통 점심도 사 줍니다. 저녁은 당연히 사 주지만 주말 출근했는데 저녁까지 먹고 가는 건 가끔 좀 억울하기도 합니다.

택시비는 보통 11시 혹은 12시가 넘으면 줍니다. 대중교통이 끊기거든요.
그래서 근무지와 집이 먼 사람의 경우 대중교통이 끊기기 전에 서둘러 보내는 경우도 많이 봅니다.

1.23. 야근을 해야 일정이 맞아요.

요즘은 예전만큼 야근을 강요하거나 하는 분위기는 아닙니다.
열심히 일하고 퇴근 시간에는 집에 가자는 기조가 많아요.
야근해야 맞는 일정이라면 뭔가 계획대로 되지 않았다는 뜻이
죠.

- 계획이 잘못되었다.
  출발점부터 뭔가 틀린 겁니다. 그리고 나중에서야 계획
  이 잘못되었음을 깨닫습니다. 비슷하지만 다른 뜻으로
  는 "이렇게 될 줄 알고 있었지만, 어른들의 사정 때문에
  어쩔 수 없었다." 도 있습니다.

- 계획이 바뀌었다.
  계획이 바뀌면 일정도 다시 짜야 하는데 계획은 바뀌었
  지만, 일정을 바꿀 생각은 없습니다.

- 계획이 원래 없었다.
  무계획이 가장 좋은 계획이라고 믿는 타입입니다. 무계
  획은 계획 자체가 없으므로 실패할 확률도 없거든요. 하
  지만 계획대로 성공할 확률도 없다는 것을 간과하신 것
  같습니다.

- 계획을 대충 세웠더니 빠진 게 너무 많다.
  대부분 이 경우라고 생각합니다.
  계획을 대충 세우는 건 계획을 세우는 사람이 계획을 수
  립하는 시점에 졸았기 때문은 아닙니다.
  이미 프로젝트를 시작했는데 아직 요구사항도 다 정의
  안되었을 수도 있죠.
  그 외에 정말 생각하지 못한 변수로 인해서 프로젝트가
  좌초되는 일도 많습니다.

40

그래서 야근을 해야 일정이 맞는데 어떻게 해야 할까요?

선택은 스스로 해야 합니다. 정말 숨만 쉬고 열심히 일해서 저녁에 할 일까지 다 해치우고 퇴근하거나, 아니면 평소처럼 페이스 조절 하면서 일하고 저녁밥 먹고 와서 더 일하다가 퇴근하거나요.

1.24. 분위기를 바꿔요.

월화수목금금금, 철야. 심야 퇴근. 이런 게 당연하던 시기가
있었습니다.
오래전부터 일하시던 분들은 이런 일에 적응했기 때문에 그게
이상하다고 생각하지 않습니다. 당연시하시죠.

하지만 요즘 사람들은 아무도 그렇게 생각하지 않습니다.
요새 사람들은 이렇게 일 안해…. 라는 분위기가 팽배해야 윗
선도 생각을 바꿉니다.
필요에 따른 야근이 아니라 눈치를 보면서 하는 야근을 당연
하게 받아들일 필요는 없습니다.

1.25. 일정을 당기면 생기는 일

다 같이 열심히 일해서 일정을 당기면 정말 프로젝트가 일찍
끝날까요?
그럴 수도 있고 아닐 수도 있습니다.

프로젝트가 일찍 끝나는 경우는 여러 파트가 나누어져 있고
우리 파트만 열심히 일해서 먼저 파트 과업을 끝내는 경우입
니다.
우리 파트는 끝났지만 다른 파트는 열심히 달리는 중이기 때
문에 요구사항 변경이 많이 일어나지 않습니다. 사소한 변경
혹은 버그 수정 정도죠. 칼퇴근 가능한 최상의 시나리오입니
다.

프로젝트가 일찍 끝나지 않는 경우는 반대의 경우죠. 우리밖
에 없는데 우리가 일이 일찍 끝나면 돈을 주는 사람들은 두 가
지의 선택을 할 수 있습니다.
빨리 프로젝트를 종료시키고 돈을 아낄 것인가 아니면 프로젝
트를 끌고 가되 기능을 추가할 것인가.

발주처가 어느 쪽을 선택하든 일정을 당기는 건 개발자의 생
존에 그다지 현명한 방법은 아닌 것 같습니다.

1.26. 프로젝트 기간이 짧아지는 이유

프로젝트 기간이 짧아지는 이유를 결론부터 말하자면 돈입니다.
인건비 베이스로 프로젝트 비용을 산정하기 때문에 하루하루가 돈으로 환산됩니다.
그래서 프로젝트가 빨리 끝나면 빨리 끝난 만큼 돈을 아낄 수 있습니다.

평균 인당 하루 인건비 20만 원이라고 치고 100명이 투입된 프로젝트라면 하루 일정 당기면 이천만 원을 절약하는 셈입니다.
만약 열흘 먼저 프로젝트를 끝내면 2억 절약을 실천합니다.
프로젝트 담당자는 프로젝트 비용을 2억이나 아낀 셈이니 크게 칭찬받고 포상을 기대할 수 있겠죠.

반대로 기간이 늘어지면 프로젝트 비용이 추가로 나갑니다.
열흘 미루어지면 2억이 손해가 납니다.

그래서 빨리 끝내려고 야근을 수반하고 주말 출근을 강요하는 사람들이 있는 겁니다.
원래 빡빡한 일정을 더 당겨서 소화해야 하니까요.

1.27. 최저가 입찰과 기술 심사

오랜 시간 동안 SI 업계는 최저가 입찰이 관행이었습니다.

최저가 입찰이라는 건 어떤 프로젝트를 진행할 때 "갑" 사에서 개발을 총괄할 "수행사" 를 선정하는 방식 중 하나로, 가장 가격을 싸게 부른 업체를 선정하는 방식을 말합니다.
최저가 입찰은 치명적인 단점이 있습니다. 수행사들이 프로젝트를 수주하기 위해서 말도 안 되는 가격으로 입찰하는 겁니다.

입찰을 하는 건 수행사의 "영업사원"입니다. 영업사원의 임무는 프로젝트를 수주하고 가끔 잘 돌아가나 확인하는 정도이지 실제로 프로그램을 만드는 사람들이 아닙니다.
최저가 입찰을 하게 되면 단가가 너무 낮으므로 인원을 충분히 책정할 수가 없고 기간도 짧아져야 합니다. SI는 매일매일 인건비로 사업비용을 계산해야 하기 때문입니다.
이제 지옥의 불구덩이 월화수목금금금이 시작됩니다. 10명이 할 일을 3명이 해 치우거든요.

이런 비상식적인 관행을 걷어내기 위해서 기술 심사라는 것을 도입합니다.
기술심사란 수행사가 이러한 기술을 가지고 있으므로 귀사의 프로젝트에 적합하다고 어필하는 제도입니다. 일견 합리적으로 보이기도 합니다.
기술심사가 시작되니 이번에는 "영업사원" 분들이 입찰을 위해서 이렇게 어필합니다.
우리 회사는 ㅇㅇㅇ 기술을 보유하고 있으므로 10명이 할 일을 3명이 할 수 있습니다.

결과론적으로는 최저가 입찰과 기술 심사는 아무런 차이가 없어집니다. 어떤 기술도 10명이 투입돼야 하는 걸 3명으로 줄일 수는 없거든요. 10명을 8-9명으로 줄이는 건 가능해도 3명은 불가능하지 않나요?

1.28. 인터넷이 안된다고요?

SI 프로젝트는 보안상 인터넷 안되는 곳도 많습니다.
뭔가를 찾아봐야 하는데 구글 신은 어떻게 접신할까요?

보통 인터넷 PC라고 해서 인터넷이 되는 컴퓨터를 하나 설치
해 놓습니다.
인터넷 검색이 필요하면 인터넷 PC에 가서 검색합니다.
만약 코드 복사 붙여넣기가 필요하다면 a) 코드를 메모장 같
은 텍스트 편집기로 저장한 후에 b) 네트워크 드라이브를 연
결해서 c) 저장한 메모장 파일을 개발용 PC로 가져온 후 d)
열어서 IDE에 붙여넣습니다.

간단한 코드라고 생각되면 휴대전화로 검색해서 일일이 코드
를 손으로 입력하는 방법도 있습니다.

조금 더 나은 곳은 인터넷을 허용해 주는 곳도 있습니다.
만일 개인용 PC에 인터넷이 된다고 해도 많은 사이트가 막혀
있습니다.
정보 유출 우려가 있는 이메일 사이트는 거의 다 접속 안 됩니
다.
근무 시간에 딴짓할 가능성이 있는 커뮤니티 사이트도 대부분
경고창이 나옵니다. 마치 절대 봐서는 안 될 금단의 사이트라
도 연 것 같은 기분이 느껴집니다.
파일 업로드 같은 건 절대 안 됩니다. 소스코드가 유출될 수도
있거든요.

개발 생산성이 극도로 떨어집니다.
어쩔 수 없습니다. 고용주에게 고용된 피고용인인 이상 고용
주의 상황에 맞추는 수밖에요.
익숙해지면 할 만합니다.

1.29. SI 프로젝트의 점심시간

SI 라고 특별히 점심시간이 다른 건 없습니다.
일반 직장하고 비슷합니다. 점심시간이 되면 밥 먹으러 가죠.

파트에 따라 같이 식사를 하시는 경우도 있고 따로 먹는 사람
도 있습니다.
혼자서 식사를 하시는 분들도 많습니다. 아무도 신경 안 씁니
다.

일이 많으면 식사를 안 하시거나 얼른 먹고 돌아와서 일하시
는 분들도 있습니다. 보통 회사원도 다 그렇죠.

식사시간 내에서 멀리 맛집을 다녀오시든 구내식당을 다녀오
시든 아무도 뭐라고 안 합니다.

다만 점심시간 끝나고 자연스럽게 1~20분 늦게 들어오시는
분들이 있는데 이런 건 별로 바람직하지 않습니다. 대부분의
회사에서도 이런 점심 지각은 제재할 겁니다.
SI 프로젝트의 인원이 아무리 각개전투라고 해도 전체가 지켜
야 할 규칙은 있는 거니까요.

1.30. 고도화가 뭔가요?

프로젝트의 고도화라는 것은 말 그대로 **기능을 업그레이드하는** 작업입니다.
기존 소스코드로 동작하는 기능 위에 추가적인 기능을 얹는 거죠.
단순하게 메뉴가 몇 개 추가되는 수준의 고도화일 수도 있고 원래 있는 기능의 세분화일 수도 있습니다.

고도화의 경우 이미 있는 시스템을 업그레이드하는 거라서 발주처에서 상대적으로 쉽게 생각하는 경향이 있습니다.
원래 사람이 머릿속으로는 뭐든 다 할 수 있을 것 같거든요.
사소한 기능 추가인데 얼마나 오래 걸리겠어. 라고 생각하는 거죠.

그런데 내부를 열어보면 그렇지 않을 가능성이 큽니다. 이미 시스템은 너무 꽉 조이다가 드라이버 선이 망가져서 헛도는 나사처럼 되어 있을 가능성이 크죠.
그래서 분석 설계하시는 분들이 나사를 빼고 새 나사를 끼워야 한다고 판단해도 발주처에서는 비용과 시간 문제로 망설일 수밖에 없습니다.

고도화 프로젝트의 경우 "뭘 하느냐?" 가 아니라 **기존의 코드가 어떤 식으로 되어 있는지에 따라서 난이도가 결정됩니다.**

어떤 프로젝트든 마찬가지지만 고도화는 특히 사람 + 기존코드 콤보라고 생각하면 됩니다.

1.31. 차세대는 또 뭐죠?

차세대는 도저히 고도화만으로는 감당할 수 없겠다고 생각할 때 대규모의 자본을 투입해서 시스템을 **처음부터 다시 만드는 작업** 입니다.
처음부터 다시 만들기는 하지만 기존 시스템이 있기는 있으므로 기존 시스템의 동작을 참고해서 만들면 됩니다.

차세대를 진행하는 발주자로서는 어차피 대규모의 자본과 시간이 투입되니 하고 싶은 게 많습니다. 기존에는 잘 안되던 여러 가지 기능을 넣고 싶어 하죠.
시간과 인력이 충분하다면야 기능을 추가하는 게 별문제가 되지는 않습니다. 진짜 문제는 많아진 기능목록만큼 요구사항의 변경 가능성이 커진다는 거에요.

게다가 컴퓨터 프로그램이라는 게 한쪽 파트에서 개발하고 테스트했을 때는 잘 동작했는데 다른 쪽이랑 연계시키면 전혀 작동을 안 하는 일도 비일비재합니다. 기능목록이 많고 파트가 많이 쪼개져 있다는 건 연계 작업 시에 문제가 생길 확률이 높아진다는 뜻도 되거든요.

수없이 복잡한 기능들이 서로 엉키면서 생기는 문제들을 해결하다 보면 차세대 프로젝트는 월화수목금금금이 될 확률이 높아요. 그래서 경험이 있는 개발자들이 꺼리기도 합니다.

1.32. 기획서를 요구하다니 용감하군요.

SI에서 문서는 실제 개발할 때 쓰라고 있는 게 아닙니다. 산출물을 제출해야 하므로 존재하는 것이 문서입니다.

기획서가 나오고 기획서대로 개발하고 기획자와 QA의 검수가 끝난 후 다른 개발을 하는 싸이클은 SI에는 없습니다.

요구사항 변경을 기획서에 반영하고 그 기획서를 바탕으로 수정하기엔 시간이 부족합니다. 그냥 요구사항 변경 얘기 듣고 오면 기획서는 기획서대로 개발은 개발대로 진행하는 거에요. 이야기를 듣고 온 사람 따로 만드는 사람 따로 기획서를 작성하는 사람 따로이므로 에반게리온마냥 모두의 마음이 일치하지 않는 한 의도가 정확하게 전달되지 않습니다.

그래도 괜찮습니다. 어차피 또 바뀔 수도 있으므로 온 힘을 다해 수정해야 하는 부담감은 없으니까요.

문제는 또 바뀔 줄 알고 대충 만들었는데 안 바뀌고 나중에 검수할 때 왜 이렇게 만들었느냐고 닦달 당하고 수정해야 하는데 시간이 없는 경우입니다. 그럴 때는 조용히 야근하는 수 밖에 없습니다.

1.33. 책임 덤태기 씌우기

악마 디아블로도 울고 갈 만큼 지옥의 프로젝트도 있습니다.

이런 곳에 가 보면 한 사람 혹은 한 팀이 집중포화를 맞고 있는 것을 볼 수 있습니다. 나라면 울 것 같아…. 라는 기분을 느낄 정도입니다.
물론 정말 그 사람이나 팀이 잘못했을 수도 있는데, 사실은 그렇지 않을 수도 있습니다.

프로젝트의 실패에는 누군가가 책임을 져야 합니다.
그런데 정작 프로젝트의 책임자는 책임을 지고 싶지는 않기 때문에 책임을 전가할 누군가를 찾습니다.

가장 실적이 잘 나오지 않는 팀을 찾을까요?
아닙니다. 가장 만만한 팀을 찾아요. 반항하지 않을 만한 목표를 찾습니다. 만만하면 뒤집어씌워도 아무 말 못 하거든요.
절대로 쉬워 보이면 안됩니다. 100억짜리 프로젝트에서 너 때문에 프로젝트가 망가졌어라는 말을 듣고 싶지 않다면요.

2장. SI 기술 이야기

이번 장에서는 SI에서 필요한 개발 기술에 대해 다룹니다.

2.1. 업무 지식과 개발 지식

처음 개발자로서 시작하는 사람들이 가장 많이 착각하는 것이 **개발만 잘하면 된다** 입니다.
이면에는 "나는 자료구조도 잘 알고, 데이터베이스도 잘 다루고, 프로그래밍도 잘 해"라는 기저가 깔렸죠.
안타깝게도 실제로 일을 해 보면 개발 지식은 당연하고 실제로 더 중요한 것은 업무 지식이라는 것을 알게 됩니다.

아직 초급 개발자일 때는 잘 모를 수도 있습니다. 모든 것을 위에서 정해주고 시키는 대로만 만들면 되니까요.
이때쯤 초급 개발자들이 "내가 세상에서 제일 잘해" 라는 착각에 빠지기 쉽습니다.
하지만 조금 더 지나면 업무를 이해해야만 개발을 할 때 훨씬 더 개발하기 쉽고 실수를 줄일 수 있다는 것을 깨닫게 됩니다.

만약 초급 개발자라면 개발지식에 더불어서 업무 지식을 익히는 것을 게을리하지 마세요.
개발 지식은 인터넷이나 책 등에서 얼마든지 찾을 수 있지만, 업무 지식은 현재 일하는 곳에서만 얻을 수 있습니다.
일을 하는 곳에서는 가능한 한 업무 지식을 쌓기 위해 노력하세요.

3개월, 6개월 단위로 프로젝트가 움직이는데 업무 지식이 무슨 필요가 있을까 반문하실 수도 있습니다.
그렇지만 큰 틀에서 보면 업무 도메인은 영역별로 비슷합니다.
금융은 금융대로, 커머스는 커머스대로 모두 서로 비슷해요.
예를 들어 커머스는 어디 가도 장바구니가 있고 결제 모듈이 있습니다. 금융은 어딜 가도 정산 프로세스가 있지요. 물류는 어딜 가도 배송 프로세스가 있습니다.
그래서 한군데서 익혀두면 다른 곳에서 업무 지식을 쌓아올리기가 쉽습니다.

업무지식을 반드시 익혀두세요.

2.2. 구글에 안나오는 정보

구글에 나오지 않는 개발 관련 정보는 어떤 게 있을까요?
프로그래밍 분야는 거의 대부분 지식이 구글에 검색하면 나옵니다.
국내 블로그도 많고, stackoverflow 같은 사이트도 있습니다.
다만 딱 2가지 지식은 구글에 물어봐도 잘 나오지 않습니다.

첫 번째는 DB입니다.
RDBMS는 특정 프로젝트에 맞춰서 데이터베이스 스키마가 설계되고 변경됩니다.
즉 CRUD 등의 DB의 기본적인 사용법은 구글에 물어보면 잘 나오겠지만, 프로젝트의 상황에 맞는 쿼리를 구글에 물어보는 건 아무런 소용도 없습니다.

두 번째는 특정 솔루션 사용법입니다.
SI 프로젝트에 투입되면 살면서 한 번도 못 들어본 솔루션을 사용하는 경우가 많습니다.
특히 frontend 분야에서 이런 경향이 두드러집니다.
이런 건 아무리 찾아도 나오지 않습니다.
그럴 때는 프로젝트 내부에서 솔루션 관련 문서가 있는지 찾아보고 물어보는 게 가장 빠릅니다.
없으면 솔루션 업체에 전화해서 상황을 설명하고 도움을 구하세요.
이도 저도 통하지 않으면 그냥 절망하고 시행착오를 반복하는 수밖에 없습니다.

2.3. SI에서 자료구조는 별로 쓸모있지 않아요.

SI 프로젝트에서 자료구조는 별로 쓸모 있지 않습니다.
자료구조라고 말했을 때 스택, 큐, 트리 같은 걸 떠올리신다면
개발자가 되기 위해서 열심히 준비하신 분들일 겁니다.
하지만 안타깝게도 열심히 준비한 지식은 SI 현장에서는 그다
지 쓸모 있지 않습니다.

SI에서 primary type이나 기본적인 클래스 사용법을 제외한
다면 자료구조는 딱 2개만 사용합니다.
바로 Map과 List 입니다.
그렇다고 map의 내부 구조를 구현하거나 이런 일도 없습니
다. 이미 자바에 기본 라이브러리 안에 들어있거든요.

HashMap을 쓰는 건 Map이 인터페이스이고 HashMap 이
구현 클래스라는 지식도 몰라도 상관없습니다.
~~ArrayList 가 thread safe 하므로 LinkedList 대신 쓴다는~~
~~것도 몰라도 상관없습니다.~~ 저도 착각하고 있었네요. ArrayLi
st 는 Thread Safe하지 않습니다.
스프링으로 개발할 때 멤버 변수를 사용하지 않는 것은 웹 리
퀘스트가 들어올 때 멤버 변수를 여러 쓰레드에서 접근할 수
있기 때문이라는 것을 몰라도 무관합니다.
알아야 하는 건 Map을 쓸 때는 HashMap을 써야 하고, 멤버
변수를 사용하지 않아야 한다는 것 정도입니다.

SI에서는 알고리즘을 짜는 것이 아닙니다. 작동되는 프로그램
을 만드는 겁니다.

2.4. 알고리즘은 직접 짤 일이 별로 없어요.

코딩테스트에 나오는 알고리즘을 SI 실무에서 얼마나 사용할까요?
정답은 **한없이 제로에 수렴한다.**입니다.

코딩테스트가 중요한 이유는 코딩테스트로 논리적이고 프로그래밍적인 사고를 키우기 위함입니다.
실무에서는 코딩 테스트에 나오는 알고리즘은 이미 라이브러리로 구현되어 있습니다.

SI는 알고리즘과는 전혀 무관한 코딩을 합니다. 여러분은 세상 아무도 못 푼 문제 같은 걸 풀고 있는 게 아닙니다. 숙련자면 누구나 할 수 있는 노동을 누군가는 해야 하고 바로 그 노동자가 바로 저희입니다.

게다가 SI 업체는 코딩 테스트 같은 건 안봅니다.

2.5. 하루에 몇 본이나 만들어 내야 하나요?

본 수는 **웹 페이지 수**를 말합니다.

간단한 게시판을 만든다고 생각해 봅시다.
목록, 상세, 생성, 수정, 삭제 기능이 있습니다.
만약 목록, 상세, 생성, 수정, 삭제 기능이 각자 다른 페이지에 있다면 5본입니다. 페이지가 다르거든요.
만약 목록에서 클릭하면 상세 화면이 아래로 펼쳐지고, 수정 버튼을 누르면 바로 수정할 수 있는 텍스트 영역이 나타나고, 삭제 버튼을 누르면 바로 목록에서 사라지며 목록 최 하단에는 신규 데이터를 생성할 수 있는 기능이 따로 있다면 1본입니다. JSP 페이지가 1개니까요.

프로젝트에 따라서 하루에 몇 본 정도 처리해야 하는지는 다 다릅니다.
복잡한 페이지 위주로 있는 경우에는 며칠에 한 본을 처리할 수도 있습니다. 대시보드 같은 건 말만 한 본이지 데이터베이스 전체를 다 조회해야 할 수도 있거든요.
단순한 페이지는 하루에 3~4장도 만들어내는 것도 가능합니다. 어차피 html은 웹 퍼블리셔 분이 만들어 주실 테고, 스프링의 컨트롤러~쿼리까지는 정형화된 규칙으로 만들며 테이블 1개만 대상으로 하는 C(reate) U(pdate) D(elete) 의 경우에는 반자동으로 쿼리를 만들어 낼 방법이 얼마든지 있으니까요.

그래서 하루에 몇 본을 찍어낼 수 있나요? 라는 질문은 큰 의미가 없습니다.

2.6. 왜 SI에서는 듣도보도 못한 솔루션을 사용할까요?

SI에서는 태어나서 한 번도 못 들어본 솔루션을 사용하는 때도 많습니다.

SI에서는 듣지도 보지도 못한 솔루션을 사용하는 이유는 이는 그 솔루션이 뭔가 기능이 좋아서도 있을 겁니다.
하지만 그보다 더 중요한 이유는 문제가 생겼을 때 문의하고 해결을 요구할 수 있는 유료 솔루션이 필요하기 때문입니다.
뭔가 기능이 잘 안 될 때 "솔루션에서 지원 안 하는 기능이에요."라는 면피가 필요하거든요.

게다가 운이 좋으면 솔루션 회사에서 기술지원을 해 줄 수도 있습니다.
심지어 큰 프로젝트 같은 경우에는 솔루션 업체에서 커스터마이징한 버전을 보내주는 일도 있습니다.

2.7. 그리드에 대하여

IT 업계에 종사하지 않으면 잘 모르는 화면들이 있습니다.
소위 말하는 ADMIN 화면은 말 그대로 사이트의 관리자 화면
이기 때문에 일반 사용자는 접근할 수 없기 때문입니다.
이런 관리자 화면들은 대부분 그리드(Grid)를 사용합니다.

그리드는 격자 형식의 표를 말합니다.
그렇다고 html의 table 태그를 써서 만드는 것은 아닙니다.
따로 프로그램이 있죠.

그리드를 제공하는 수많은 업체가 있습니다.
관리자 사이트를 만들 때는 수많은 업체의 그리드 중 하나를
취사선택해서 사용하게 됩니다. 물론 취사선택이 여러분의 몫
이라는 뜻은 아닙니다.
왜 그리드를 사용하느냐면, 그리드는 기본적인 CRUD 연산에
대해 새로 고침 없이 기능을 제공합니다. 이걸 직접 만들려면
생각보다 오래 걸리거든요. 개발자는 단순히 JSON 데이터를
입력받거나 응답하면 되니까 일이 줄어듭니다.

ERP 등의 화면은 터무니없이 복잡하게 생긴 화면도 많습니다
. 이걸 일일이 HTML로 그리고 있으면 만드는 사람도 힘들지
만, 유지보수 하는 사람은 지치게 됩니다.
그래서 그리드를 사용합니다.

게다가 그리드는 기술 지원도 가능합니다. 돈만 내고 있다면
요.

기능도 다 비슷비슷합니다. 서로 어차피 참고해서 만들거든요
.

2.8. 복사 붙여넣기

SI 현장에서는 실력이 하나도 안 늘고 복사 붙여넣기만 한다는 이야기를 들어본 적이 혹시 있으신가요?
어떻게 보면 맞고, 어떻게 보면 틀린 말입니다.

실제 SI는 바닥부터 뭔가를 만드는 일은 생각외로 잘 없습니다.
만약 차세대 프로젝트라고 해도 기존 코드 (Legacy Code)가 남아있습니다.
고도화라고 한다면 당연히 기존 코드 위에 새로운 코드를 얹는 것을 말합니다.

이도 저도 아니라고 해도 공통 개발자들은 개발자들에게 일일이 사용법을 알려주기는 어려우므로 샘플 코드를 만들거나 매뉴얼을 만들어서 개발자들에게 배포합니다.

개발자들은 요구사항이 오면 "가장 비슷한 화면" 을 찾기 시작합니다.
그리고 어느 부분을 복사해야 할지 유심히 살핍니다.
복사해야 할 부분을 결정했다면, 적절한 위치에 복사 붙여넣기를 실행합니다.
이런 걸 여러 군데에서 짜깁기합니다.

예를 들어보겠습니다.
묻고 답하기 게시판을 새로 만들어 달라는 요구사항이 왔습니다.
게시판이 기존에 있나 살펴보니 공지사항 게시판이 있습니다.
그대로 복사해 옵니다.
추가 요구사항을 보니 묻고 답하기 게시판에는 관리자 대신 누구든지 쓸 수 있게 해 달라는 요청이 있었습니다.

복사해 온 코드에서 관리자인지 검사하는 유효성 검사 로직을 제외합니다.

또 다른 요구사항을 보니 첨부 파일을 첨부할 수 있게 해 달라고 합니다.

이제 다른 기능을 살펴봅니다. 사용자 게시판에 첨부 파일 기능이 있습니다.

사용자 게시판의 첨부 파일 기능을 복사합니다.

이렇게 하면 2시간 만에 게시판 하나가 완성됩니다.

사실 SI에서 코딩이란 여러 모듈을 조립해서 새로운 기능을 완성하는 것에 가깝습니다.

다만 이 과정이 사람들이 생각하는 것만큼 간단하지는 않습니다.

어떤 것이 어떤 기능을 하는지 알아야 하고, 그것들이 다 적절한 위치에 놓여야 하고, 어느 부분을 변경해야 하는지도 알아야 하거든요.

2.9. 데이터베이스 중심 프로그래밍

SI는 대부분 데이터베이스 중심 프로그래밍을 합니다.
뭔가 그럴듯한 이름을 붙이자면 Database Driven Development입니다.
하지만 D.D.D. 라는 용어는 Domain Driven Development와 약자가 같기도 하고, 사실 아무도 Database Driven Development이라고 부르지는 않습니다.
대신 현업에서는 "쿼리가 전부다" 라는 말은 많이 합니다.
데이터베이스 중심 프로그래밍이란 **모든 비즈니스 로직이 데이터베이스에 녹아있는 것** 을 말합니다.

자바 스프링을 쓰기는 하지만, 실제로 스프링에서는 거의 아무런 처리도 하지 않습니다.
그저 컨트롤러를 만들고, 서비스 인터페이스와 서비스 구현체를 습관적으로 연결하고, DAO를 호출한 다음, 마이바티스 매퍼 XML에 쿼리를 작성합니다.
복잡한 비즈니스 로직은 프로시져에 작성합니다.

그래서 SI를 오래 하신 분들은 왜 프로그램 설계가 필요한지 이해를 못 하시는 분들도 많습니다.
ERD 를 보고 데이터베이스 스키마에 맞춰서 CRUD 연산만 하면 되니까요.
이렇게 데이터베이스 중심 프로그래밍을 하는 이유는 요구사항이 자주 변하기 때문입니다.
혹은 요구사항이 변하지 않는 프로젝트라고 하더라도, 많은 요구사항 변경을 경험했기에 이런 형태의 개발이 몸에 밴 것입니다.

조금 더 자세히 말해보겠습니다.

요구사항이 변경되면 높은 확률로 데이터베이스의 스키마가 변경되어야 합니다. 컬럼 한두개 추가로 끝나면 좋은데 외부 키(Foreign Key)로 연결된 관계(Relation)를 변경해야 하거나, 혹은 원래 연관관계가 없는 데이터를 강제로 연결해야 하는 때도 있습니다. 반대로 연관관계를 끊어야 할 수도 있지요. 따라서 **데이터베이스 스키마** 변경은 **필수** 가 됩니다.

만약에 비즈니스 로직이 자바 소스 코드에 녹아있다면, 자바 소스코드도 변경되어야 합니다.

DB 테이블과 1:1로 매핑되는 V.O(Value Object) 객체가 있다고 한다면 테이블 구조가 변경될 때마다 V.O 객체도 수정해야 합니다.

수정은 그렇다고 치더라도 자바 코드는 한번 변경되면 다시 빌드하고 배포하기가 꽤 번거롭습니다.

만약 운영 환경에도 함께 배포해야 한다면 문제는 더 커집니다.

추가로 아주 먼 옛날 VCS(Version Control System) 이 없었던 시절부터 개발하시던 분들은 여러 개발자의 소스코드를 합치는 작업(merge)에 대해서 강박 같은 걸 가지신 분들도 있습니다. 손으로 직접 소스코드를 합치다 보면 당연히 오류 투성이가 되거든요.

그런 분들은 소스 수정을 극도로 싫어하십니다.

시간은 없는데 수정할 사항이 많다면 야근을 넘어 철야를 할 수도 있으므로 개발자들은 "뭐든지 담을 수 있는 객체"를 활용합니다.

대표적인 것이 Map과 List입니다.

컨트롤러에서 요청을 받을 때부터 서비스, DAO 를 거쳐 실제 쿼리가 실행될 때까지 일관성 있게 Map을 사용하고, 값을 반환받을 때는 일관성 있게 List 타입으로 반환받게 프로그램을 작성한다면 쿼리의 **변화**에 프로그램이 영향을 최소한으로 받는 형태로 개발할 수 있게 됩니다.

게다가 자바 코드에서 아무런 처리도 하지 않고 요청을 그대로 데이터베이스에 보내고, 데이터베이스에서 받은 응답을 그대로 View로 보낼 수 있다면 더더욱 변경에 강한 프로그램을 만들 수 있게 됩니다.

이제 개발자들은 SQL 쿼리만 수정하면 됩니다.

여기서 한걸음 더 나아가면 모든 로직을 데이터베이스 저장 프로시져에 작성합니다. 표면적인 이유는 데이터베이스 커넥션에 컴퓨터 자원이 많이 든다…. 이지만 이면에는 자바 코드를 한 줄도 안 고쳐도 된다는 것도 들어있습니다.

2.10. SI에서 JPA를 쓰지 않는 이유

JPA는 데이터베이스 테이블과 자바의 클래스를 매핑시키는 ORM(Object Relation Mapping) 기술입니다.

SI의 데이터베이스는 JPA로 하기엔 너무 테이블과 컬럼이 많고 변경도 심하며 정규화도 안 되어있습니다.
게다가 아무래도 직접 쿼리를 작성하는 개발에 익숙해진 사람들에게는 러닝 커브도 존재합니다.

JPA의 메카니즘상 즉시로딩(EAGER)과 지연로딩(LAZY)이 존재하고, 이런 것까지 생각하면서 개발을 하려면 더 오랜 시간이 걸립니다. 같은 데이터베이스 테이블 간의 연관관계라고 해도 특정 화면에서는 즉시 로딩을, 다른 화면에서는 지연 로딩을 해야 하는 경우도 있기 때문입니다.

복잡한 쿼리는 어차피 직접 짜야 합니다. join, distinct, union과 group by를 한 번에 사용한 쿼리를 JPA로 작성하는 것은 자살행위에 가깝습니다.

JPA를 쓰면 데이터 핸들링을 자바에서 하므로 비즈니스 로직이 프로그램에 녹아들어 갑니다. 이건 SI의 개발 철학에 맞지 않습니다.

SI에서 비즈니스는 쿼리에 있어야 합니다.

2.11. 스타트업에서 필요한 기술 스택과 SI에서 필요한 기술 스택

스타트업에서 필요한 스택과 SI에서 필요한 스택은 전혀 다릅니다.

우선 스타트업의 백엔드 측면을 살펴보겠습니다.
대부분의 스타트업은 **자체 서비스를 만들기 위한 개발**을 합니다.
망하자고 스타트업을 시작하는 사람은 없으므로 더 오래갈 수 있는 단단한 코드를 만드는 데 신경을 많이 씁니다.
만든 사람이 유지 보수해야 하기 때문입니다.
따라서 코드에 업무 도메인이 가능한 한 많이 녹아있는 형태로 만듭니다.
python이나 nodejs 등 스크립트 언어를 많이 쓰는 것도 수정해야 할 때 코딩양을 줄이기 위해서입니다.
ORM 을 쓰는 것도 언제 데이터베이스가 변경될지 모르기도 하고, 도메인 객체를 코드로 표현하기 위함입니다.
따라서 스타트업에게 데이터베이스는 그냥 저장소고, 업무는 코드에 녹아있습니다.

SI는 **남이 쓸 프로그램** 을 만듭니다.
일부러 단단한 코드를 만들 필요가 없는 이유는 **프로그램을 유지 보수하는 건 내가 아니기 때문입니다.**
SI의 당면한 과제는 기능 목록의 개수를 늘리는 것이지, 유지 보수하기 편한 프로그램을 만들어내는 것이 아닙니다.
SI에서 매년 차세대 프로젝트가 나오는 이유는 이런 식으로 만들어진 코드들을 SM (System Management) 팀에서 관리하다가 도저히 안 되겠다 싶은 순간에 새로 만들기 때문입니다.

코드에 업무 도메인이 없으므로 SI는 데이터베이스가 모든 것입니다.

프론트엔드 기술에서도 스타트업과 SI는 차이가 있습니다.
스타트업은 상대적으로 최신 기술을 쓰고 싶어 합니다. 최신 기술이 본인들의 서비스에 적당하다는 전제하에서요.
반면 SI는 안정성을 중시합니다. 또한, 기술지원을 받을 수 있어야 합니다. 따라서 솔루션을 구매합니다.
스타트업 개발자에게 x-platform이 뭔지 들어본 적이 있느냐고 물어보면 어리둥절한 표정을 지을 것입니다.
SI 개발자에게 react가 뭔지 물어보면 절반은 모를 것입니다.

결론적으로 스타트업은 스크립트 언어 + 아무거나 DB (NoSQL 무관) + 좋은 설계 + 최신 프론트엔드 프레임워크를 중요시합니다.
SI는 Java(Spring) + 안정성 높은 DB (RDBMS 한정) + 좋은 쿼리 작성 능력 + 안정된 프론트엔드 솔루션을 중요시합니다.

2.12. SI의 최신 기술 도입

SI에 일하는 사람들은 상대적으로 최신 트렌드에 둔감한 분들이 많습니다.
SI 자체가 안정적이고 검증된 기술만을 도입하기 때문입니다.

SI의 프로젝트 규모는 최소한 몇십 억 원 단위로 움직이고, 최신 기술 도입으로 몇십 ~ 몇백억 원이 도입된 프로젝트가 실패한다면 책임자가 실직할 경우를 넘어 심할 경우 회사 자체도 없어질 수 있으므로 위험이 너무 큽니다.

그래서 SI 사람들 절반은 마이크로 서비스 아키텍처 (MSA - Micro Service Architecture) 가 뭔지도 모릅니다. 대신 엄청난 규모의 모놀리딕 아키텍처를 볼 수 있습니다.

물론 SI라고 해도 기술이 전혀 안 변하지는 않습니다. 느린 속도의 변화도 잘 못 따라가는 분들은 은퇴하시게 되는 겁니다.

개발은 최신 기술이 전부는 아닙니다. 코드 긱(Code Geek)이 아니라 생계형 개발자라면 오히려 기술 변화가 느린 것이 더 반가울 수도 있습니다. 적게 배우고 시간의 풍파를 견디고 살아남은 기술들만 채용하면 되니까요.

2.13. 테크니컬 설계보다는 큰 시스템에 대한 경험

SI는 한사람이 통제하기에는 너무 규모가 큽니다.
그래서 시스템을 설계한다거나 세부적인 것을 통제하는 경험을 할 가능성은 작습니다.
대신 큰 시스템에 대한 경험을 쌓을 수 있습니다.

SI는 규모가 큰 만큼 시스템의 설정이 정교해야 합니다. 여러 파트에서 각자 만들어 놓은 모듈이 잘 맞춰지기 위해서는 세심함이 필요합니다.

스타트업에서 작은 시스템을 운영해 보는 것과는 전혀 다른 경험입니다. 대용량의 시스템을 설계하는 것과 소수의 사용자를 대상으로 개발하는 것은 구성부터 사고방식 자체가 전혀 다르기 때문입니다.
백 명이 넘는 개발자들과의 협업. 몇십몇백대의 WAS와 로드밸런서(LB), DBMS가 돌아가는 환경은 큰 규모의 서비스 기업을 제외하고는 SI에서만 경험할 수 있습니다.

2.14. 개발 가이드를 꼭 참고하세요.

만약 여러분이 SI를 시작했고 초급 등급인데 AOP, 트랜잭션, 인터셉터 등 공통 설계를 진행하라는 프로젝트에 투입된다면 다음 날 그만두세요.
혼자 하는 프로젝트가 아닌 이상 공통 설계는 경험이 많은 AA, 작은 규모에서는 PL이 설정하는 일입니다.
프로젝트 전반에 영향을 미치는 구조를 초급 개발자에게 맡기는 건 프로젝트를 마치겠다는 의지가 없다는 겁니다.

하지만 어떤 상황에서 어떻게 사용하는 것인지는 익혀두어야 합니다.
프로젝트에 투입되면 개발가이드라는 것이 있습니다. 대부분 개발 가이드에 사용법이 적혀 있습니다.
AOP라는 단어는 안 쓰여 있어도 로깅을 어떻게 해야 하는지에 대한 가이드는 있을 거예요.
트랜잭션이라는 말은 안 쓰여 있어도 CUD 연산에는 어떤 방식으로 써야 하는지도 적혀있습니다.
예외가 생겼을 때 어떤 예외 클래스(Exception Class)를 던져야(throw) 어드바이스에서 처리하는 지 가이드까지 되어 있는 프로젝트라면 꼭 살펴보세요.
기회가 된다면 설정을 어떻게 하는지 실전 프로젝트에서 보는 것이 실력 향상에 도움이 됩니다.

나중에 중급 고급으로 올라갔을 때는 도망가면 안 돼요. 그때는 설정할 수 있어야 하니까 직접 하시진 않더라도 원리는 익혀두세요.

2.15. SI 에서 함수를 잘 만드는 방법

SI에서 함수를 잘 만드는 방법은 기능을 공통 함수화해서 여러 곳에서 사용하는 **방법** 을 지양 하는 것입니다.

함수라는 건 기본적으로 입력을 받아서 뭔가를 처리하고 출력을 되돌리는 코드 조각입니다.
공통 함수를 만든다는 건 특정한 값이 들어와서 똑같은 처리를 한 후 결과를 반환하는 것을 가정한다는 의미고요.

그런데 SI 현장에서는 처음에는 똑같은 기능처럼 보였던 것이 나중에 요구사항 변경 혹은 요구사항 잘못 파악으로 인해서 완전히 다르게 분기되는 때도 있어요.
공통 함수를 고치자니 공통 함수가 의존하고 있는 다른 함수들이나 기능들이 어그러질까 봐 함부로 못 고칩니다.
그래서 비슷하지만, 내용이 미묘하게 다른 함수 여러 개가 만들어집니다.

```
public String method(){
public String method2(){
```

이런 식으로요.
저는 이게 심할 때는 7번까지도 봤습니다. 이쯤 되면 함수 간 서로 차이점을 찾는 게 더 어려워서 8번 함수를 만들게 되죠.
사실 내용은 함수 4와 똑같은데 내 스타일로 또 만들어요.

이런 일을 많이 겪었던 사람들은 같은 클래스 내에 private method를 만들고 딱 한군데서만 호출해서 쓰는 방식을 선호합니다. 나만 쓰는 거죠. 메소드 내용이 너무 길어지면 알아보기 힘드니까 함수화는 하되, 재사용성은 포기하는 겁니다.

2.16. 이름은 가능한 추상적으로 지어요

소프트웨어 공학에서는 변수명, 함수명은 가능한 직관적인 것을 장려합니다.
주문하기를 예로 들면 `order()` 라는 이름 대신 `order_product_in_cart()` 등으로 짓는 거죠.

SI에서 장바구니에서 주문하기 기능을 하는 메소드 이름을 `order_product_in_cart()` 같은 식으로 짓게 되면, 나중에 유지보수하시는 SM 분들께 누가 코드를 이렇게 작성했냐고 욕먹습니다.
왜냐면 아마 여러분이 처음 생각한 메서드의 기능과 실제로 동작하는 것은 동떨어져 있을 가능성이 크거든요.
`order_product_in_cart()` 메소드는 사실 상품 상세 페이지에서도 쓰고, 장바구니에서도 쓰며, 직접 결제에서도 쓰는 메소드가 될 가능성도 얼마든지 있습니다.

이렇게 메소드 하나가 여러 군데서 사용할 경우 메소드 파라미터에 따라 끊임없는 `if ~ else if ~ else if ~ else` 가 펼쳐져 있지요.

시간 여유가 있다면 이름을 정리하고 구조를 분리하고 공통모듈을 빼내는 리팩토링을 할 수도 있을 것입니다.
하지만 우리는 리팩토링은 커녕 기능 만들 시간도 없습니다.
리팩토링 하고 있으면 "너 한가하구나!" 공격이 들어오는 경우도 많죠.
공격이 안 들어와도, 리팩토링은 의미 없는 짓이었다는 것을 다음 요구사항 변경 때 느낄 수 있게 됩니다.

차라리 이럴 바엔 `foo`, `bar` 같은 이름이나 , `A0000001` 같은 이름도 괜찮을 것 같다는 생각이 들기도 합니다. 그렇지만 실천하지는 마세요. 우리는 코볼 프로그래밍을 하는 건 아니니까요.

2.17. 퍼즐은 이미 딱 맞아요.

실무에서 개발해 보면, 사실 개발은 뭔가 굉장한 알고리즘을 짜는 일 보다는 각 컴포넌트 간의 조립이라는 것을 아실 겁니다.

예를 들어보면 컨트롤러에서 데이터를 받아서 서비스로 넘기고, 가공 없이 DAO 로 전달하고, 쿼리를 실행한 다음 결과를 다시 뷰까지 전달하는 일련의 과정이죠.

아직 SI에 익숙하지 않으시다면 데이터의 형식이나 전달 파라미터의 내용의 구조화에 꽤 신경을 쓰실 수도 있습니다.

하지만 현실은 사실 그냥 Map으로 파라미터를 전달하고 "맞겠지" 라고 가정하고 넘어가는 경우가 태반입니다.

각 기능을 개별적으로 만들고 퍼즐 조각은 어디든 낄 수 있는 레고처럼 만든 다음, 일단 끼워놓습니다.

그다음 삐걱거리거나 이상한 부분이 있으면 그 부분만 수정하고 개발을 계속 진행하는 것이 요령입니다.

SI는 속도입니다.

2.18. 데이터는 완벽할 꺼에요. 아마도요.

우리는 데이터를 다룹니다. 사용자의 입력을 받아서 뭔가를 꺼내오거나 저장하거나 갱신하거나 삭제하죠.

처음 데이터는 사용자로부터 시작됩니다. 사소한 로그인 기능이라고 하더라도 사실 사용자는 데이터를 웹서버로 넘겨주는 행위입니다.

개발할 때는 데이터는 완벽하다고 가정하고 개발하세요. 제약을 두면 제약 때문에 개발 과정이 더뎌집니다.

이메일 주소로 아이디를 사용한다고 해 보겠습니다. 일반적으로 훈련받은 개발자라면 바로 유효성 검사를 머릿속에 떠올리실 겁니다.

그렇지만 머릿속에 떠오르는 유효성 검사는 차분하게 접어서 한쪽에 쌓아두시거나 책상 안에 넣어두세요.

프로젝트의 막바지가 되면, 더는 수정 요구사항이 들어와도 도저히 처리할 수 없는 순간이 옵니다. 그때 고이 접어놓은 유효성 검사 로직을 꺼내서 살펴보세요.

처음에는 이메일 주소로 로그인하기가 요구사항이었는데, 나중에 가 보니 소셜 로그인 기능도 붙어 있고 SSO(Single Sign On)도 붙어있고 전화번호 로그인도 붙어있는 걸 경험하는 순간 유효성 검사를 미리 만들지 않기를 잘했다는 생각이 드실 거라 생각합니다.

데이터베이스의 데이터

데이터베이스의 데이터는 굉장히 정제된 상태로 데이터베이스 규칙에 맞춰서 정규화되어 있을 것만 같은 생각이 듭니다. 많은 책도 다 그런 식으로 설명하지요.

하지만 실전에 들어가 보면 정규화할 수 있는데 성능 이슈 때문에 정규화하지 않았거나, 그냥 이미 개발이 너무 진행돼서 테이블 구조를 못 바꾸거나 하는 경우도 다반사입니다. 그럴 듯하게 포장하는 용어로 **역정규화** 라고 표현하기도 합니다.

저장된 데이터도 생각보다는 정제되어 있지 않습니다. 데이터를 넣어주는 건 프로그램인데, 프로그램에서 유효성 검사를 안 하는걸요! 데이터베이스는 최소한의 데이터 타입과 길이, FK(Foreign Key) 의 무결성 여부 정도만 검사할 뿐 비즈니스 로직을 다 검사하지는 않습니다. 원래 데이터베이스는 뭔가를 저장하라고 있는 프로그램이지 비즈니스 로직을 넣으라고 있는 프로그램은 아니니까요.

그래서 우리는 그냥 "데이터는 완벽할 것"이라고 생각하고 찍어내는 것에 집중합니다.
나중에 유효성 검사를 할 시간 없이 프로젝트가 끝나면 어떻게 할까요? 이다음은 SM 분들이 하실 거에요. 아마도 SI에서 엉망으로 만들었다고 욕을 하시면서요.

2.19. 확장에 열려있는 구조로 개발하세요.

마치 객체지향 방법론에 나오는 멋진 말 같지만 그런 거 아닙니다.

SI에서 개발은 최소한의 수정만을 필요로 하는 방법으로 개발해야 합니다.

기능이 하나 바뀌었다고 파일이 6개나 바뀌면 **절대** 안됩니다.

가능하면 파일 1개, 아니면 2개 정도만 바뀌는 게 최고예요.
3개 이상은 위험 신호입니다.

운이 좋으면 뷰(.JSP) 파일만 바꿀 수도 있습니다. 이렇게 하기 위해서는 처음에 쿼리를 짤 때 당장 사용하지 않는 컬럼도 일단 가져오는 지혜가 필요해요. JSP는 JIT 빌드(Just In Time - 변경이 감지되면 다시 빌드)를 하므로 배포할 때 전체 소스 코드 빌드를 하지 않아 최상의 선택이 되죠.
다만 쿼리문에 select * 는 안됩니다. 감사에서 걸려요.

대부분은 쿼리(SQL.xml) 파일이 같이 바뀌게 됩니다. 비즈니스 로직이 쿼리에 들어있는 경우가 많거든요. SQL 파일조차도 바꾸기 싫다면 저장 프로시져(Stored Procedure) 를 사용하면 됩니다. 프로시져는 데이터베이스에 저장된 거라서 자바의 빌드와는 아무 상관도 없이 WAS 재시작도 없이 기능을 변경할 수 있습니다.

비즈니스 로직이 자바의 서비스 혹은 컨트롤러 레벨에 들어있는 경우가 있습니다. 쿼리의 결과에 따라 프로그램 처리가 달라지는 분기도 생기기 때문이지요. 이때 운이 없으면 3개 이상의 파일을 수정해야 합니다.

가능한 파일이 적게 바뀌는 구조를 유지하기 위해서는 특정

값을 담기 위한 클래스 (DTO, VO) 를 만들어서는 안 됩니다. Map과 List는 어떤 값이든 담을 수 있는 객체이고, 이걸 단순하게 이용만 한다면 굳이 여러 파일을 고칠 필요가 없어집니다.

Map과 List를 남용하는 것의 단점으로는 코드만 봐서는 파라미터의 이름과 타입이 뭔지 아무도 모른다는 점입니다. 심지어는 만든 사람조차도요.
하지만 걱정하지 않으셔도 됩니다. 신뢰성은 잘 모르겠지만, 여하튼 프로젝트가 끝난 시점에서는 프로그램 명세서도 있고 ERD 도 있습니다. 실제로 작동하는 코드도 있지요.

2.20. map을 적극 활용합시다.

SI 프로젝트에서 스프링으로 업무를 하는 경우 가장 많이 쓰는 자료 구조는 데이터를 키:쌍 으로 표현하는 Map 입니다. Map<String, Object> 형태를 대부분 사용합니다.

컨트롤러에서 사용자 데이터를 받을 때도 @RequestParam 어노테이션을 통해 Map 형식으로 사용자 데이터를 읽을 수 있습니다.
서비스 인터페이스 (*Service.java), 서비스 구현 클래스 (*ServiceImpl.java), 데이터 접속 클래스 (*Dao.java) 는 단순 클래스기 때문에 당연히 파라미터를 Map으로 전달하고 리턴할 수 있습니다.
MyBatis도 Map의 구현체인 hashmap 으로 파라미터를 사용할 수 있습니다. parameterType 뿐만 아니라 resulttype 도 가능합니다.
다시 컨트롤러까지 돌아온 리턴값은 뷰에 map 형태로 전달할 수 있습니다.

굉장히 일관성 있는 구조이고 변경에 강한 구조입니다. 프로그램의 내용이 변경되었어도 전달 파라미터는 전혀 변경되지 않습니다.

목록을 반환하는 경우도 마찬가지입니다. list 형식 안에도 제네릭 타입에 map을 넣으면 됩니다. SI의 소스 코드에는 List<Map<String,Object>> 형태를 흔하게 볼 수 있습니다.

한가지 팁을 드리자면, 반드시 제네릭은 사용해야 합니다. 만일 PMD (Programming Mistake Detector) 로 코드 품질을 측정하려는 프로젝트에 투입될 경우, PMD가 제네릭 사용을 하지 않았다고 수정사항 목록을 보여줄 것입니다. 따라서 실제로는 아무값이나 다 들어갈 수 있는 Object 형 Map 이라고 하더라도 무조건 제네릭은 사용하세요.

PMD 를 사용하지 않는 프로젝트라도 제네릭은 사용하세요. 이클립스에서 '경고' 한다는 의미로 노란색으로 줄이 쳐져 있어서 별로 보기 안좋고 뭔가 내가 실수한 것만 같이 느껴지니까요.

2.21. 추상화하지 마세요.

추상화라는 것은 함수를 만들고 함수를 엮어서 고차 함수를 만들어 내고 이것이 발전해서 프레임워크가 되어 가는 과정입니다.
처음에 학교나 학원에서 개발을 배울 때는 프로그램이 점점 더 추상화되고, 그것이 발전 방향이라고 배웁니다.

하지만 SI에서는 절대 **추상화하면 안 됩니다.**

추상화라는 건 결국 여러 기능을 한군데 합친 겁니다.
그런데 SI 현장에서는 **추상화할 일보다 추상화된 기능을 분리해야 하는 일이 훨씬 더 많습니다.**

추상화를 한 본인이 남아있으면 그나마 다행인데, 고도의 추상화를 한 사람이 프로젝트에서 빠졌다면 다른 사람들은 어떻게 해야 할까요?
순살치킨 발골 작업처럼 살살 기능을 발라낼 수 있으면 참 좋은 상황입니다.
기능을 분리할 수 없다면 다시 만들어야 합니다. 그런데 다시 만들려면 기존 코드가 돌아가는 로직을 분석해야 하고, 대부분 다른 사람이 쓴 코드는 분석하는 시간이 더 오래 걸립니다. 심각한 경우에는 분석할 수 없을 수도 있습니다.

그래서 SI에서는 추상화하면 더 욕먹는 상황이 옵니다.

2.22. 필요한 건 오직 스피드

개발이든 수정이든 마찬가지입니다.
SI는 엄청난 속도로 페이지를 만들어 냅니다. 소위 찍어낸다
고 표현합니다.

이게 가능한 이유는 프로그램 구조가 획일화되어있고 익숙해
지면 로직을 생각할 필요가 없는 단순한 구조가 많기 때문입
니다.

C(reate) U(pdate) D(elete)의 경우에는 특별한 구조가 아니
면 테이블 하나만을 대상으로 하므로 복잡할 것이 없습니다.
저는 작은 프로그램을 만들어서 반자동으로 만들어 내기도 합
니다. 일종의 파이프라인을 만들어내는 겁니다.
전자정부 프레임워크에는 심지어 자동 생성 프로그램도 내장
되어 있습니다. 누가 쓰는지는 잘 모르겠지만요.

R(ead)의 경우에는 조금 복잡할 수도 있는데, 이것도 익숙해
지면 기계적으로 만들 수 있습니다. 복잡도가 굉장한 것이 아
니라면요.

속도는 비용과 직결되는 SI 구조라서 모두 다 빠른 것을 좋아
합니다.
프로젝트의 3요소가 속도, 비용, 분량이라고 한다면 SI는 이
세 가지를 다 이루어 냅니다.

하지만 여기서 빠진 것이 있습니다. 바로 기술적 부채입니다.
기술적 부채는 당장 문제는 해결했지만 이를 위해 코드가 복
잡해지고 중복이 많이 발생하며 여러 코드 간에 같은 논리가
적용되지 않게 되는 현상을 말합니다.
기술적 부채는 어떤 개발 환경에서도 발생하며, 이를 개선하

기 위해 끊임없는 코드 개선 - 리팩토링이 필요합니다. 하지만 SI에서는 리팩토링이라는 단어를 들어본 적도 없는 사람도 많습니다.

SI 하시는 분들이 자조적으로 하는 말이 있습니다. 난 내가 만든 프로그램 안 써. 불안해. 이것은 품질을 희생한 결과입니다.
음식점의 주방을 보면 음식점 음식을 못 먹는다는 말과 일맥상통합니다.

2.23. 풀스택 개발자

풀스택 개발자는 프론트엔드, 백엔드를 같이 할 수 있는 사람을 말합니다.

프론트엔드 개발은 클라이언트 사이드, 즉 웹 브라우저에서 작동하는 기능과 모양을 만들어내는 작업입니다. html과 자바스크립트를 써서요.

백엔드 개발은 서버 사이드에서 작동하는 기능을 만들어냅니다. 자바와 SQL 등을 사용합니다.

SI에서는 프론트엔드와 백엔드 둘 다 개발합니다.

예전에는 개발자라고 하면 무조건 프론트엔드 백엔드를 같이 할 수 있어야 했는데 사용자들의 눈높이가 높아지고 이에 따라 프론트엔드가 많이 복잡해지면서 두 개의 포지션이 분리되었습니다.

다만 요즘 말하는 프론트엔드 / 백엔드 분리와 SI에서의 분리는 조금 개념이 다릅니다.

최근 커뮤니티나 블로그등에서 백엔드와 프론트엔드를 분리한다는 의미는 프론트엔드가 백엔드와 완전히 분리되어 있다는 뜻입니다.

프론트엔드는 프론트엔드 프레임워크인 angular, react , vuejs 등을 이용해서 DOM(Document Object Model) 을 제어하고 백엔드와는 JSON(JavaScript Object Notation) 으로 데이터를 교환합니다.

즉 HTML 자체를 프론트엔드에서 만들어냅니다. 백엔드는 데이터를 보내주고 받는 역할만 합니다. 이런 방식을 **클라이언트 사이드 렌더링** 이라고 합니다.

클라이언트 사이드 렌더링 방식을 취하면 백엔드는 동일한 JSON 데이터 포맷을 사용하기 때문에 굳이 프론트엔드 뿐만 아니라 앱 혹은 다른 서버와도 통신하기가 용이해져서 시스템

확장이 쉬워지는 장점이 있습니다.

SI에서는 아직 프론트엔드와 백엔드가 서로 강하게 묶여있는 예전 모델을 고수하는 곳이 많습니다.
서버에서 최종적으로 웹 브라우저에서 보여주게 될 html을 만들어내고 클라이언트에서 표현하는 방식입니다. 이런 방식을 **서버 사이드 렌더링** 이라고 합니다.
일부 항목은 jQuery 등을 사용해서 보여주거나 숨기거나 데이터를 받아오거나 하지만 기본은 서버가 html을 만들어내는 서버 렌더링입니다.
서버 렌더링을 하는 이유는 **시스템을 확장할 일이 없기 때문**입니다. 요구사항 항목이 바뀌긴 하지만 갑자기 앱에서도 쓸 수 있게 해 주세요 이런 식으로 터무니없는 요청이 들어오진 않습니다. 앱이 필요하면 앱 개발을 발주하죠.

게다가 백엔드와 클라이언트를 완전히 분리해서 일반 사용자들에게 보여주는 화면을 클라이언트 사이드에서 제어할 경우 1) 속도 문제도 걸리고 2) SEO 문제도 생기고 3) 보안 문제도 챙겨야 합니다.

- 속도 문제는 HTML 렌더링을 클라이언트에서 하므로 화면이 빨리 나오는지 늦게 나오는지 응답 속도가 사용자의 컴퓨터 사양에 따라 달라지는 문제를 말합니다.
- SEO 는 검색 엔진 최적화인데 기본적으로 검색엔진은 정적인 html 구조는 잘 읽어가지만, 자바스크립트가 동적으로 뭔가를 만들어내는 구조를 깔끔하게 읽어간다는 보장이 없어서 콘텐츠가 있는데도 구글이나 네이버 등 검색엔진에서 검색이 안 되는 문제를 말합니다.
- 보안 문제는 민감한 정보의 경우 클라이언트에 노출시키면 언제든지 탈취당할 수 있다는 이슈를 말합니다. 단적으로 쿠키만 열어봐도 쿠키 안의 값은 모두 확인하거

나 심지어는 변조해서 서버로 전송할 수도 있습니다. 클라이언트 사이드 렌더링 방식의 경우 서버와의 통신에 필요한 정보뿐만 아니라 렌더링에 필요한 모든 정보를 클라이언트도 가지고 있기 때문입니다.

그래서 아직 SI에서는 스프링에서 JSTL을 써서 서버 렌더링을 하는 경우가 많습니다.

관리자 화면의 경우에는 유료 그리드 솔루션을 써서 개발하는 경우가 많으므로 HTML 자체를 서버에서 보내주지 않는다는 측면에서 보면 클라이언트와 백엔드가 분리되어 있습니다. 다만 서버에서 데이터를 받아와도 그리드 내용만 바뀌지 뭔가 화면이 바뀌거나 하지는 않기 때문에 현대적인 개발에서 말하는 백엔드와 프론트엔드의 분리는 아닙니다.

서버 사이드 렌더링을 해야 한다고 해서 html을 엄청나게 잘 해야 하는 건 아닙니다. 보통의 html 구조는 웹 퍼블리셔 분들이 다 정리해서 주실 거예요. 개발자분들은 웹 퍼블리셔 분들이 퍼블리싱한 걸 받아서 서버에서 가공한 후 내보내는 일을 하게 됩니다. 그렇다고 HTML을 전혀 모르는 건 한계에 부딪힙니다. jQuery로 뭔가를 제어하고 싶으면 DOM이 어떻게 구성되는지 알아야 하거든요. 게다가 웹 퍼블리셔 분들의 부재 시에는 스스로 수정해야 하므로 HTML은 기본입니다.

2.24. 오래 갈 프로그램

SI 개발자는 오래갈 프로그램을 만들지 않습니다.
프로젝트가 끝나고 나면 다시는 그 코드를 보지 않기 때문입니다.

유지보수는 SM(System Management)에서 합니다.
SM이 열심히 유지 보수하지만, 하다 하다 안되면 차세대 프로젝트가 시작됩니다. 다시 처음부터 만들죠.

자사의 솔루션이나 서비스를 만드는 회사에서는 처음 만드는 코드 베이스 위에 더 많은 기능을 끊임없이 쌓아 올립니다.
이게 가능하게 하려면 명확한 목표와 단단하고 확장 가능한 설계가 필요합니다.
그래서 서비스 기업은 작은 규모의 프로토타이핑을 띄워보고 반응에 따라 규모를 확장하면서 개발하는 것을 방법론으로 삼습니다.

반면 SI는 한 번에 왕창 만들고 운영하다가 안 되면 다시 한 번 왕창 만들어냅니다.

이렇게 SI와 서비스 기업은 개발 순환 주기가 다릅니다. 끊임없이 개선해야 하는 서비스 기업과 한 번에 만들고 유지하다가 불편한 점을 취합해서 처음부터 만드는 SI는 아무래도 개발 방법에 많은 차이가 있습니다. 이건 상황에 따른 판단이고 적합한 방법을 추구하는 것입니다. 나와 다르다고 비난을 할 대상은 아닙니다.

2.25. 프로그램 구조 변경하기

프로그램 구조를 마음대로 바꾸지 마세요.
초급이든 중급이든 고급이든 마찬가지입니다.
바꿀 권한이 없다면 바꾸시면 안 됩니다.
어플리케이션 구조가 바뀌면 모두 다 혼란스러워합니다.
프로그램 구조를 변경하고는 "개인의 코딩 습관이니 존중해
주세요." 말할 수 있는 취향 존중의 문제가 아닙니다. 혼자 보
는 코드가 아니니까요.

dispatcher 나 context를 변경할 업무가 생긴다면 담당자에
게 요청하세요. 설정 XML 파일을 건들면 어떤 일이 일어날지
모릅니다.
SI의 스프링 아키텍처가 마음에 안 든다고 컨트롤러에서 DA
O 를 바로 호출하는 경우도 봤습니다. 물론 특별히 하는 것
없이 하위 레이어의 메소드를 호출하는 bypass 코드를 여러
번 만들어야 하니 불편한 점은 이해하지만, 그래도 그러시면
안 됩니다. 본인은 만들면 끝나지만, 누군가는 그 코드를 유지
보수해야 합니다.

유지 보수하는 사람은 일일이 코드를 보지 않을 가능성이 큽
니다. 일반적으로 해당 코드가 위치하는 곳만 찾아보지 컨트
롤러부터 DAO까지 하나씩 뒤져보는 게 아닙니다. 유지보수
하는 사람이라고 무한의 시간이 주어지지는 않습니다.
예컨대 일반적으로 트랜잭션을 수정하고 싶다면 서비스 클래
스 파일을 열어볼 겁니다. 그런데 서비스 클래스 파일 자체가
없다면 대체 이게 뭐야? 라는 생각과 함께 컨트롤러부터 수정
해야 할 곳을 찾아야 합니다.

프로그램의 구조는 나름의 이유가 있습니다. 내 입맛대로 바

꾸기 전에 왜 그렇게 구조가 되어있는지부터 생각해 보는 게 맞을 것 같습니다.

가끔 신입의 패기로 DTO 를 써야 하고 lombok 을 도입하고 비즈니스 로직은 모델 레이어로 옮겨가야 하며…. 라고 말하는 분들이 있는데, 기존에 있던 사람들이 좋은 아키텍쳐를 몰라서 사용하지 않는 것이 아니라 각 프로젝트에 맞는 아키텍처가 이 형태로 생각하고 발전한 결과라는 점을 잊지 마세요.

추가로 프레임워크를 사용하는 이유는 프레임워크의 기능을 사용하기 위해서도 있지만 비슷한 코딩 스타일로 만들기 위한 이유도 있다는 점도 잊지 마세요.

2.26. 운영에서만 확인 가능한 데이터 의존 기능

개발하다가 보면 실제 운영 데이터에서만 확인 가능한 기능들이 있습니다.

프로그램은 대부분 데이터에 의존하는데, 데이터가 운영 환경에만 있는 경우입니다.

괜찮은 환경에서는 주기적으로 개발 서버 등에 운영 데이터를 동기화해서 확인할 수 있게 해 주는 곳도 있지만 소수입니다. 그래서 정작 개발을 해 놓고는 다량의 데이터 혹은 운영환경에 종속적인 데이터는 테스트를 못 한 채 실운영환경으로 배포되는 때도 있습니다.

운영환경은 함부로 테스트도 못 합니다. 말 그대로 사용자들이 사용하는 Production - 제품 이기 때문이죠.

특별한 비법은 없습니다. **신에게 빌어야 해요.**

사실 신께 빈다고 신이 도와주시지는 않습니다. 잘되라고 간절한 마음으로 기도한다고 해서 온 우주가 응답하는 일 따위는 없어요. 그냥 실제 운영에 소스코드를 배포하고 테스트할 수 있는 데까지만 테스트하고 문제 생기면 얼른 고쳐서 다시 배포하는 수밖에 없습니다.

2.27. 퍼블리셔와 프론트엔드 개발자의 차이점

웹 퍼블리셔는 디자이너가 그린 디자인 파일을 html로 바꿔주시는 분들입니다.
UI 업무는 대부분 웹 퍼블리셔 분이 해 주시게 됩니다.

만약 SPA를 이용해서 angular, resctjs, vue.js 등 다른 프론트엔드 프레임워크를 사용했다면 프론트엔드 개발자분이 따로 클라이언트 쪽의 모든 소스 코드를 만들어주시게 됩니다.

프론트엔드 개발자는 웹 퍼블리셔와는 직군이 약간 다릅니다.
웹 퍼블리셔는 디자인을 html로 바꾸는 직업이기에 디자인에 조금 더 가깝다면, 프론트엔드 개발자는 클라이언트에 기능을 붙이는 일이기에 개발자에 조금 더 가깝습니다.

프론트엔드 담당자가 있다고 방심하면 안 됩니다.
보통 웹 퍼블리셔 혹은 프론트엔드 개발자는 프로젝트의 기간을 끝까지 채우지 않습니다.
먼저 프로젝트에서 철수하죠. 이미 완성했는걸요. 10명의 웹 퍼블리셔 분들이 투입된다면 마지막까지 남아있는 분들은 1~2명 정도입니다.
고객이 보기에는 거의 완성된 디자인이 미묘한 수정이라도 있다면 남은 사람들의 몫이죠.
원래 10명이 했던 일을 1~2명이 해야 한다면 일이 몰리실 테고, 바쁘실 경우 내가 직접 수정하고 수정사항을 역으로 웹 퍼블리셔 / 프론트엔드 개발자분에게 전달해야 하는 경우도 왕왕 있습니다.

2.28. VCS (Version Control System)

VCS는 보통 형상관리 혹은 버전 관리라고 불리는 시스템입니다.

개발자가 소스코드를 수정하고 나면 다른 사람들도 모두 보고 동기화해서 사용할 수 있게 저장소(Repository) 서버에 올리게 됩니다. 이를 형상관리라고 합니다.

주로 사용하는 프로그램은 svn과 git입니다.

svn은 아주 오래된 vcs로 굉장히 단순합니다. 소스를 수정하고 올리면 (커밋 - commit이라고 해요) 바로 다른 사람들이 내려받아서 (풀 - pull이라고 합니다) 본인 컴퓨터의 소스코드와 동기화시킬 수 있습니다.

단순하므로 많은 프로젝트에서 사용합니다. 전자정부 프레임워크에 공식적으로 포함된 vcs기도 합니다.

git은 상대적으로 훨씬 더 많은 기능이 있는 대신 조금 더 복잡합니다.

개발자 개인 컴퓨터에 변경사항을 기록하는 것을 커밋, 모두 볼 수 있게 올리는 것을 푸시(push)라고 부릅니다. pull은 svn과 같지만 fetch이라고 해서 변경이 되었는지 확인만 하는 기능도 있습니다.

시스템이 다르다 보니 svn과 git은 사용 관례도 다릅니다.

svn은 보통 trunk라고 불리는 중앙 저장소(Main Repository)에 다 같이 작업합니다. 브랜치(branch) 라고 해서 소스 관리를 분리할 수도 있는데 보통 잘 안 하고, 한다고 해도 배포 환경을 위해서만 분리하는 경우가 많습니다. 그래서 브랜치끼리 합쳐지는 머지(Merge) 는 거의 일어나지 않습니다.

git은 상대적으로 브랜치를 엄청나게 많이 사용합니다. 기능마다 브랜치를 따로 생성하고 계속 dev 브랜치에 머지(merg

e) 하는 걸 반복하는 것이 일반적입니다. 그리고 나중에 배포를 위해 중앙 저장소(git에서는 master branch 라고 부릅니다. 초기값이 origin/master 거든요) 에 수많은 dev 브랜치를 합치는 작업을 다시 하게 됩니다. 이처럼 git은 브랜치 머지(merge)가 굉장히 자주 일어납니다. 대부분 git을 어려워하시는 분들은 이 과정을 가장 힘들어하시는 경우가 많습니다.

예전에는 다들 svn만 썼는데 최근에는 git도 많이 사용합니다.
만일 한 번도 vcs를 안 써본 분이라면 svn부터 시작하시는 걸 권합니다. git은 형상관리에 덧대어 훨씬 많은 기능이 있으므로 러닝 커브가 높습니다.
svn에 익숙해지고 나면 git도 쉽게 사용할 수 있습니다. 요새는 svn 의 사용 추세가 줄어들고 git 이 증가하는 추세여서 git 의 사용법도 익히셔야 합니다.

2.29. 젠킨스

젠킨스는 빌드 툴입니다. 그럴듯한 용어로는 CI(continuation integration - 지속적인 통합) 툴이라고 부릅니다.

보통 vcs에서 소스코드를 가져와서 maven build를 한 후 target server(스테이지 개발 운영…. 등) 에 배포하고 서버를 재기동하는 것까지 자동화할 수 있습니다.

hudson은 젠킨스의 옛 이름입니다. 추억에 젖은 전자정부 프레임워크는 아직도 hudson 이라는 단어를 쓰고 있습니다.

만약 2020년 현재 FTP를 사용하는 곳이 있다면 레거시 시스템을 운용해야 하거나 하는 특수성이 있어서일 거에요. 그 외에는 대부분 젠킨스 서버를 둡니다.

2.30. jQuery

웹 브라우저에서 화면이 안 깜박거리고 움직이는 효과는 Aja
x와 DOM을 이용합니다. jQuery는 이걸 쉽게 해 주는 라이
브러리 중 하나입니다.
jQuery는 SI 프로젝트를 할 때는 필수입니다. 대부분 다 쓰
거든요.

원래 jQuery는 브라우저 전쟁 시에 출시돼서 엄청나게 인기
를 끌었던 라이브러리입니다.
IE, Firefox, Chrome. 추가로 safari까지 브라우저들이 서
로 점유율을 높이려고 애쓰던 시절이 있었습니다. 골치 아프
게도 각 브라우저는 Ajax와 DOM을 다루는 방법이 미묘하게
달랐었죠. Firefox가 가장 정석대로의 코딩을 요구했고 Chr
ome은 중간, IE는 표준을 안 지켰어요.
jQuery는 브라우저마다 다른 호환성을 흡수해서 한가지의
명령어로 어떤 브라우저에서도 작동할 수 있게 해 줌으로써
개발자들에게 각광을 받았습니다. 굉장했죠.

거의 10년 가깝게 jQuery는 왕좌를 지킵니다. 그리고 프론트
엔드 프레임워크인 angular, react, vuejs 가 등장합니다.
그 사이 자바스크립트도 ES6(Ecma Script 6)로 발전하고 브
라우저는 크롬이 천하 통일을 합니다.
그래서 예전만큼 jQuery 가 효용성이 있지는 않습니다. 그럼
에도 불구하고 jQuery는 그동안 진화해 왔고, 예전에는 브라
우저 호환성에 초점을 맞췄다면 요새는 쉬운 사용법과 확장
가능한 구조에 초점을 맞추는 방향으로 발전합니다.
jQuery를 사용할 때 가장 큰 비판점은 **자바스크립트를 잘하
지 못해도 jQuery가 다 알아서 해 준다는 점** 입니다. 이는 결
과론적인 측면에서는 효과적이지만 개발자는 이면의 동작이

어떻게 작동하는지 전혀 모르게 됩니다. 즉 jQuery 없이는 간단한 자바스크립트도 작성 못 하는 스크립트 키드를 만든다는 비판을 듣기도 합니다.

SI 개발자라면 jQuery의 사용법과 더불어서 자바스크립트의 사용법을 익혀두시는 것이 필요합니다. jQuery가 없어지진 않을 테지만, 간단한 기능을 작성하는 데 라이브러리의 힘이 반드시 필요하다면 가까운 길을 돌아가는 것이고, 이는 생산성 저하로 이어지며, 생산성 저하는 야근으로 이어지기 때문입니다.

2.31. JSTL

JSTL 은 html을 서버 사이드에서 렌더링할 때 쓰는 템플릿 엔진 입니다.
특수한 태그를 써서 html을 어떻게 그릴지 명시해 준 다음 클라이언트로 보낼 내용을 결정합니다.
스프링 부트에서 자주 쓰는 thymeleaf, django 의 template, Flask의 Jinja, asp.net의 razor와 비슷한 역할을 합니다.

JSTL은 서버 사이드에서 작동하기 때문에, 비즈니스 로직이 클라이언트에 노출되지 않습니다. 즉 클라이언트는 최종적으로 JSTL이 만들어낸 결과물만을 받아보게 됩니다.
보통 SI 프로젝트에서 .JSP 파일에 <%@ taglib uri="http://java.sun.com/JSP/jstl/core" prefix="c" %> 이렇게 쓰여 있는 걸 보신다면, 이게 JSTL 입니다. 스프링에 기본으로 내장되어 있습니다.

서버와 클라이언트의 개념이 확실하지 않으면 jQuery의 함수를 JSTL 에서 사용할 수 있는지 헷갈릴 수도 있습니다. 안 됩니다. JSTL이 만들어낸 HTML을 jQuery가 사용할 수는 있어도 jQuery의 함수를 JSTL 서버 렌더링의 조건으로 사용할 수는 없습니다. 이미 서버 JSTL에서 만들어낸 HTML 조각을 클라이언트 jQuery가 제어하기 때문입니다.

2.32. 스프링 프레임워크

대부분의 SI 프로젝트는 자바 기반의 스프링 프레임워크를 사용합니다.
스프링 프레임워크는 웹 뿐만 아니라 콘솔 프로그램, 배치 프로그램 등을 만드는데도 쓰이는 범용 프레임워크입니다.

우리나라에서 스프링 프레임워크가 많이 쓰이게 된 데에는 전자정부 표준 프레임워크의 영향이 컸습니다.
아주 먼 옛날에는 회사마다 각각 프레임워크를 가지고 있었습니다. 그래서 한 회사가 프로젝트를 수주하고 나면 시스템이 수주한 회사의 프레임워크에 묶여버리고, 계속 한 회사가 그 시스템을 독점해서 유지 보수하는 식이었죠.
그래서 정부에서 전자정부 표준 프레임워크라는 것을 만들어냅니다. 다들 이걸로 개발하라고 권고 하면서요. 특히 공공기관은 거의 필수입니다.
그리고 발 맞추어서 대기업의 수주 제한을 걸어버립니다. 공공기관 입찰에 대기업은 참여할 수 없게 만들었어요.
이제 대기업들은 자체 프레임워크를 유지할 필요가 없어졌습니다. 가장 큰 고객 중 하나인 공공기관을 수주할 수도 없고 수주한다고 해도 자체 프레임워크를 쓸 수도 없으니까요.
자연스럽게 시장은 스프링 중심으로 흘러갑니다. 전자정부 표준 프레임워크는 스프링 프레임워크에 몇가지 컴포넌트를 덧붙인 거거든요. 스프링만 할 줄 알면 어디서든 일할 수 있게 된 거죠. 와 신난다.

SI에서 스프링 프레임워크는 대부분 두 가지 용도로 사용됩니다. 스프링 mvc와 스프링 배치 입니다.

- 스프링 mvc는 웹 사이트를 만들 때 사용합니다. 가장

많이 사용하시게 됩니다.

- 스프링 배치는 주기적인 작업을 해야 할 때 사용합니다.
  리눅스의 crontab 같은 거에요. 예를 들어서 오전 9시
  에 정기 메일을 보내야 한다면 스프링 배치를 써서 작업
  하는 식입니다.

2.33. MyBatis

MyBatis 는 XML로 RDBMS SQL을 관리해주는 라이브러리 이름입니다.

간단한 상황에서 조건에 따라 동적으로 쿼리를 만들어 낼 수도 있고, 자바의 sqlSessionTemplete 를 써서 쿼리를 실행하거나 실행한 결과를 가지고 오는 것을 쉽게 할 수 있습니다.

SI 프로젝트에서는 약 90%의 확률로 SQL 쿼리를 다룰 때 MyBatis 를 사용합니다.

2.34. 오라클

오라클은 미국 오라클 사에서 판매하는 DBMS 제품 이름입니다.

RDBMS로는 아마 전 세계에서 가장 점유율이 높을 거라고 생각합니다.

안정성도 굉장히 높고, 쿼리 실행 속도도 탑 급이어서 RDBMS의 절대 강자죠.

금융권이나 유실되면 안 되는 데이터를 다루는 곳에서 주로 사용합니다.

어느 프로젝트에 가도 오라클을 다룰 일은 있을 테니 익숙해지는 게 좋습니다.

오라클의 유일한 단점은 가격이라는 말이 있을 정도로 비싸지만 좋은 제품입니다.

무료 버전도 있으니 내려받아서 공부하는 데 걱정 없습니다.

2.35. MS-SQL

미국 마이크로소프트사에서 만드는 RDBMS입니다.
주로 닷넷 계열의 개발 시에 많이 채택되지만, 꼭 그럴 필요는
없습니다.
MS-SQL도 오라클 못지않게 성능 좋고 편의를 위한 기능이
많습니다.

MS-SQL을 주로 사용하는 곳은 자바뿐만이 아니라 여러 가
지 언어와 프레임웍을 혼용하는 프로젝트들이 있습니다. 인사
시스템은 자바, 회계 시스템은 asp.net mvc, 이런 식으로 사
용하는 곳에서 주로 많이 사용합니다. 혹은 솔루션을 연계해
야 하는데 솔루션이. net 계열로 작성되어 있고 MS-SQL 기
반으로 짜여 있다면 사용해야 하는 경우가 종종 있습니다.

2.36. MySQL

MySQL은 무료 오픈소스 RDBMS의 대표주자입니다. 원래는 완전 오픈소스였는데 오라클이 인수한 이후 오라클이 유지보수 관리를 합니다.

MySQL은 상대적으로 데이터베이스는 필요한데 절대적으로 성능이 필요하거나 하지는 않는 곳에서 보통 사용합니다.

MySQL은 배포 라이센스는 듀얼 라이센스라서 외부로 배포하지 않을 때에는 무료입니다. 외부에 배포하고 싶다면 MySQL 개발자가 새로 만들어 낸 완전 무료 MySql 호환 DBMS인 MariaDB 도 있으므로 비용 때문에 많이 사용합니다.

RDBMS 중에서는 그나마 사용이 쉬운 편이기 때문에 쿼리 자체에 익숙하지 않은 분들은 MySQL로 입문하는 것도 좋습니다.

2.37. 큐브리드

큐브리드는 대한민국에서 만든 DBMS 이름입니다.
아주 가끔 공공 프로젝트에서 쓴다고 합니다. 사용해 본 적은 없습니다.
대한민국 공공 프로젝트에서는 국산 솔루션을 쓰면 가점이 있기 때문에 큐브리드를 선택하는 경우도 있습니다. 하지만 굳이 국산 솔루션을 써야 한다면 티베로를 쓰지 큐브리드를 쓰는 경우는 거의 없습니다.

2.38. 티베로

티베로는 대한민국의 티맥스 소프트에서 만들어서 공급하는 DBMS 이름입니다.

공공 프로젝트의 가산점 제도로 인해서 국산 DBMS가 필요할 때 가장 많이 거론되는 이름입니다.

티베로는 DBMS에 특화된 명령어들이 오라클과 가장 비슷한데 가격은 훨씬 싸기 때문에 오라클의 대안으로 불리기도 합니다.

2.39. 마이그레이션

마이그레이션이라는 것은 데이터를 옮기는 것을 말합니다.

개발을 진행하다 보면 데이터베이스의 스키마가 변경되는 경우가 의외로 많습니다.
스키마가 변경되면 프로그램 소스코드도 변경되어야 하지만, 안에 있는 데이터들도 새로운 스키마에 맞게 분산되거나 합쳐져야 하는 경우가 있습니다.
이런 작업을 데이터 마이그레이션이라고 합니다.

보통 데이터는 굉장히 민감한 문제여서 DBA 분들이 작업해 주시거나 고급, 특급 개발자들이 담당합니다.
다만 비즈니스 로직에 대해 가장 잘 아는 것이 담당 개발자일 경우 DBA를 도와서 마이그레이션 업무에 투입될 수도 있습니다.
좋은 기회입니다. 데이터 마이그레이션을 시킬 정도의 위치라면 믿고 있는 개발자라는 뜻이죠. 마이그레이션을 배울 수 있다는 점도 장점입니다.

참고로 똑같은 스키마에 데이터를 옮기는 것은 마이그레이션이라고 하지 않고 덤프라고 부릅니다.

2.40. 스프링 시큐리티

스프링 시큐리티는 스프링에서 인증과 인가를 담당하는 프레임워크입니다.
간단하게 말하면 권한관리를 하는 기능이 있는 겁니다.

저는 개인적으로 한 번도 스프링 시큐리티를 사용하는 곳을 본 적이 없습니다.
우리나라 웹사이트는 권한 설정이 좀 복잡합니다. 단순한 인증과 인가만으로 각 페이지의 퍼미션을 설정하기에는 어려울 때가 많아요.
각 국가와 역할별로 인증 인가가 달라지기도 하고, 특수한 사람에게는 전권이 주어지기도 합니다.

더 머리 아프게 하는 건 회원 쪽입니다. 일반 로그인 소셜 로그인 전화번호 로그인 SSO 등 회원의 타입도 많은데 이걸 스프링 시큐리티의 user 테이블에 연결해야 인증 인가가 작동하거든요.
스프링 시큐리티가 미리 인증 인가를 만들어준 건 고맙지만 아주 세밀한 권한 관리를 위해서는 더 많은 기능이 필요하기에 그럴 바엔 내가 만들지…. 가 되는 것 아닐까요?

3장. SI 개발자로 시작하기

뭐든지 처음이 어렵습니다. SI 개발자로 시작하기 위한 이야기를 합니다.

3.1. 토익은 의미가 없습니다.

해외 취업을 할 것이 아니라 국내 SI 환경에서 일하고 싶다면 외국인과 대화를 할 일은 전무합니다.
그래서 SI 개발자 취업할 때는 아무도 토익 점수 같은 건 물어보지 않습니다.
물론 토익점수가 높다는 것은 더 열심히 살았구나! 정도의 반증은 되겠지만, 실무에서는 큰 쓸모가 있지는 않습니다.

그렇다고 영어를 전혀 못 해도 된다는 뜻은 아닙니다.
개발 자체도 영어로 해야 할뿐더러, 개발에 필요한 지식은 영어인 경우가 대다수입니다.
변수명을 한글로 지을 수는 있겠지만 (테스트 케이스를 만들때를 제외하고는) 아무도 그렇게 짓지 않잖아요.

추가로 영어 기술 문서는 읽을 수 있어야 합니다.
SI에서 주로 사용하는 스프링 프레임워크도 외국에서 만들어졌고, DBMS의 명령어도 모두 영어로 쓰여있습니다.
영어 기술 문서를 읽을 수 있으면 한국에서 찾을 수 없는 해결책을 외국 글에서 찾기도 쉽습니다.

요새는 구글 번역도 잘 되어 있으니 1차로 구글 번역 돌려서 전반적인 맥락 파악하고 개별적으로 잘 이해가 안 가는 부분만 해석해 가면서 문제를 풀어가는 것도 좋은 요령이라고 생각합니다.

3.1. 교육과 실무 경험

교육은 기초를 쌓는 데 좋지만, 실무 경험과는 전혀 다릅니다. 물론 가장 기초적인 지식, 자바의 문법 등을 모른다면 교육을 받아야 합니다.
그렇지만 그 이상의 것, IOC, DI, AOP 등을 심층적으로 배운다고 해서 SI 현장에서 더 빨리 개발한다거나 하는 일은 없습니다.
대신 더 좋은 개발자가 되기 위해 사고관을 넓히는 데는 큰 도움이 되죠.

SI 프로젝트는 기능을 빨리 만들어 내는 것 이 가장 핵심입니다.
실무 경험을 많이 쌓고 싶다면 완전 기초만 끝낸 후 가능한 한 빨리 취업하세요. 실전이 최고입니다.
가능한 한 빨리 취업하는 것이 어렵다면 토이 프로젝트라도 좋으니 끊임없이 뭔가를 만드세요.

개발을 십 년 넘게 해도 특정 언어의 기능 모르는 경우 태반입니다. 사용해 보지 않으면 몰라요.
같은 기능을 이렇게도 만들어보고, 저렇게도 만들어보세요.
예를 들어서 스프링 프레임워크를 쓴다면 Map도 써 보고, 커맨드 객체도 사용해 보세요.
항상 데이터베이스에서 정렬했다면 Java의 stream을 써서 정렬도 해 보고 필터도 해 보면서 어떤 상황에 어떤 방식이 더 유용할까를 고민해 보세요.
오라클도 사용해보고 MySQL도 사용해 보면서 두 개가 무슨 차이가 있는지 느끼는 것도 이해를 위한 좋은 경험이 될 겁니다.

3.2. 학원 강사분들의 실무 능력

학원 강사님들은 직업이 누군가를 가르치는 것이기 때문에 정작 현직 실무자는 아닙니다.

아주 오래전에 개발을 시작했지만 학원 강사의 길이 더 적성인 분들도 있을 것이고, 심지어는 대학 졸업 후 바로 학원 강사로 뛰어든 분들도 있을 것입니다.

생각해 보면 당연합니다. 학원 강사로 일한 시간 만큼 실무를 접하지 않으니까요.

국비 지원 학원의 경우는 더욱 심할 가능성이 큽니다.

이는 국비 지원 학원의 구조를 알면 그럴 수밖에 없습니다.

국비 지원 학원은 "정부"에서 "국비"로 학생들의 수업료를 지급합니다.

어차피 무료 교육이기 때문에 수업을 듣는 사람들의 기대치는 높지 않습니다.

수업하는 사람도 수강생들의 기대치를 잘 알고 있습니다.

그래서 교육은 딱 낮은 기대치만큼 이루어집니다.

사람들은 본인의 주머니에서 돈이 지출된 만큼 더 열심히 할 가능성이 커요.

그렇다고 현업 개발자들이 학원 강사분들보다 더 낫다는 이야기는 아닙니다.

현업 개발자들은 가르치는 것이 업이 아니기에 잘 알고 있어도 전달 능력은 떨어질 가능성이 크거든요.

3.3. 취업과 이직이 쉽습니다.

SI에서는 취업과 이직이 쉽습니다.
SI는 늘 만성 인력부족에 시달립니다.
단순하게 말하면 SI에서 필요한 인력보다 실제로 일을 할 수
있는 인력이 적다는 뜻입니다.
만성 인력 부족에 시달리는 SI 업계는 취업도 쉽고, 이직도 쉽
습니다. 사람 한 명이 아쉬우니까요.

SI 업계는 처음 취직할 때 절대로 코딩 테스트 같은 거 안봅니
다.
스프링 기본 템플릿을 이용해서 hello world를 띄울 수 있는
사람이면 다 뽑습니다.
만약 SI 인력파견회사 면접에서 떨어졌다면 그건 단순히 불성
실해 보였거나 어딘가 문제가 있는 사람으로 보였을 가능성이
큽니다.

어차피 인력 파견으로 먹고사는 회사들이 신입에게 기대하는
것은 딱 하나입니다.

도망가지 않을 사람.

실전 필드에서 경험을 쌓고 나면 이직도 굉장히 쉽습니다.
만성인력부족 시장 구조에서 사람이 한사람이라도 더 있다면
파견 회사 차원에서는 돈을 벌 기회가 더 늘어납니다.

3.4. 진입 장벽이 낮습니다.

SI 업계는 굉장히 진입 장벽이 낮습니다.
의사, 변호사, 판사 등 엄청나게 공부해야만 일부 사람들만 달성 가능한 직업군과는 다릅니다.
비전공자가 6개월 동안 학원만 다녀도 어서 오라고 하는 곳이 SI 업계입니다.

- 만약 회사가 스타트업이라면, 태어나서 프로그래밍을 국비지원학원 6개월 동안만 해 본 사람이 입사하는 것은 거의 불가능에 가깝습니다. 스타트업은 당장 일을 할 사람이 필요합니다. 아무것도 모르는 사람을 키워서 쓰기에는 스타트업의 빠른 속도를 못 따라갑니다.
- 만약 회사가 솔루션 회사라면, 당장 개발을 할 줄 아는 사람보다는 대부분 기본기가 탄탄한 사람을 뽑습니다. 어차피 솔루션 회사에 다니면 자사 솔루션을 만들거나 유지 보수할 테고, 그럴 때는 기본기가 속도보다 중요합니다.
- 만약 회사가 대기업이라면, 코딩테스트와 학벌과 학점. 그 외적인 것들도 꽤 많이 작용할 겁니다.
- 만약 회사가 자체 서비스를 제공하는 기업이라면, 기본기도 탄탄하고, 당장 일을 할 수 있어야 하며, 코딩 테스트 정도는 통과할 수 있는 사람을 찾습니다.
- 현실적으로, 비전공에 개발이라고는 해 본 적도 없고 관심도 없던 사람이 직업으로서의 개발자가 되려고 했을 때 진입할 수 있는 업계는 사실상 SI밖에 없습니다.

그렇다면 SI 업계는 왜 다른 업계에 비해서 준비가 덜 된 사람도 뽑는 걸까요?
당연히 사람이 부족하기 때문입니다.

SI 시장은 규모 면에서 국내 개발의 70~80% 정도를 차지합니다.

프로젝트를 한 번 발주할 때 몇십억, 몇백억의 돈이 움직입니다.

이 정도 규모라면 사람이 많이 필요하니 사람이 부족한 것입니다.

3.5. 학벌은 전혀 중요하지 않습니다.

SI에서 학벌은 전혀 중요하지 않습니다. 정말 전혀 안 중요합니다.

지방대를 나왔든, 고졸이든, 심지어는 중졸이어도 별 상관없습니다. 심지어는 박사 출신이어도 똑같습니다.

전공자인지 아닌지도 그다지 중요하지 않습니다.

SI에서는 4가지의 분류가 있습니다.

초급 기술자, 중급 기술자, 고급 기술자, 특급 기술자.

이 기준은 단순히 일한 지 몇 년이 지났는지에 따라서 나누어집니다.

- 초급 : 5년 차 미만
- 중급 : 9년 차 미만
- 고급 : 13년 차 미만
- 특급 : 그 이상.

인생에서 몇 년이나 공부에 쏟으셨든 아무 상관도 없습니다. 20살 때 6개월짜리 학원 다니고 시작했으면 29살에 고급 기술자입니다.

다만 단 한 가지 경우에만 학력이 중요합니다.

바로 정보처리기사를 취득할 수 있는 자격이 대학교 4학년이 되어야 하기 때문입니다.

예전에 KOSA 에서 소프트웨어 개발자 등급을 매기는 기준으로 정보처리기사 취득 여부에 따라 연차를 따로 구분했었던 적이 있습니다.

2012년에 폐지되었습니다만, 지금도 정보처리기사 보유 기준으로 개발자 등급을 매기고 그 등급에 따라 월 단가에 차이를

두는 곳들도 있으므로 정보처리 기사는 취득해 두는 것이 유리합니다.

3.6. 늦게 시작해도 상관없습니다.

SI의 시작은 늦어도 상관없습니다.
제가 30대 초-중반인데 지금 개발자의 길을 가는 것이 옳은
것일까요? 라는 질문이 가끔 들려옵니다.
본인의 불안감에서 나온 질문이라는 것 잘 알고 있습니다.
하지만 대답을 하는 사람 입장에서 **옳다, 그르다** 라고 판단
하기는 굉장히 어렵습니다.
왜냐하면, 질문자가 개발에 얼마나 흥미와 적성을 가지고 있
을지 아무도 모르기 때문입니다.
만약 질문자가 SI에 적응을 잘할 수 있다는 전제하에 답변을
해 보면, **늦게 시작해도 상관없습니다.**

SI 업계가 재미있는 것이, 그 사람의 나이와 경력이 평균에서
어긋나더라도 아무도 신경 쓰지 않습니다.
그냥 자기 할 일만 잘할 수 있으면 됩니다.
저는 다른 일을 하시다가 30대 후반에 개발자가 된 분도 봤습
니다.

오히려 어려운 점은 본인들에게 있습니다.
늦은 나이에 시작하게 되면 본인보다 어린 사람들이 상사로
있는 경우가 많습니다.
이런 경우 어쩔 수 없이 업무지시를 들어야 하고, 어떨 때는
듣기 싫은 소리도 감내해야 합니다.
이때 사람이라면 누구나 어린 x가 나이가 많은 나한테 라는
마음이 들 수 있습니다.
이 순간을 넘길 수 있는지 아닌지는 본인의 요량입니다.
다만 그 순간을 넘길 수 없는 분이라면, 굳이 개발자분만이 아
니라 그 어떤 직업도 하기 어려우실 것으로 판단됩니다.

늦은 나이에 개발자를 준비한다는 것은 기존에 하던 일의 커리어를 버린다는 뜻이고, 그렇다는 건 어디를 가도 신입이라는 이야기죠.

신입 때 업계의 특성이나 사용하는 기술 등에 대해 모른다는 핀잔을 들었다고 화가 난다면 신입 말고 본인의 커리어를 계속 유지하시는 것을 추천드립니다.

3.7. 원래 천성적으로 개발에 자질이 없는 사람도 있습니다.

개발자라는 직업 특히 SI 프로젝트에서의 개발자로서의 직업은 사실 특별한 재능이 있어야 하는 일은 아닙니다.
그렇다고 정말 아무나 할 수 있는 일도 아닙니다.

개발자는 논리적으로 사고하고 인간의 언어를 기계의 언어로 바꾸는 일을 하는 사람들입니다.
누군가에게는 논리적인 사고가 아무렇지도 않은 일이지만, 다른 누군가는 논리적 사고 대신 감성적 사고 등 다른 부분의 사고방식이 발달하신 분들도 있을 수 있습니다.

우리는 모두 어느 정도는 가진 재능이 다르고 노력만으로 모든 걸 이겨낼 수 있는 것도 아닙니다.
제가 아무리 노력해도 피겨퀸은 될 수 없는 것과 똑같습니다.

개발자는 누구나 할 수 있고 잘하지 못하는 것은 본인의 노오력이 부족하다고 하는 것은 오히려 무책임한 태도가 아닐까요?

3.8. 초급자가 취업이 쉬운 진짜 이유

초급자가 취업이 이유는 크게 두 가지가 있습니다.

첫 번째는 정부지원입니다.
중소기업의 경우 취업을 하면 정부에서 보조금을 회사에 줍니다. 정식 명칭은 **청년추가 고용장려금** 이라고 합니다. 1년에 667만 원을 주기 때문에 초급자 **월급 중 약 57만 원 정도는 정부가 보조해** 준다고 생각하면 쉽습니다.

두 번째는 단가 마진 때문입니다.
현재 SI 시장에서 초급자에게 발주처에서 지급하는 월 지급액은 평균 450만 원 정도입니다.
이 금액은 갓 시작한 신입이든, 5년 차 미만의 초급 기술자이든 똑같이 적용됩니다. 즉 1~4년 차의 월 지급 단가는 같습니다.

예를 들어 한 달 월급이 260만 원이라고 가정해 보겠습니다.
이 중 60만 원은 정부에서 보조해 줍니다.
초급자를 SI 프로젝트에 파견 보내면 이것저것 제하고 약 400만 원 정도 회사에서 받게 됩니다.
회사는 초급자를 고용하고 파견을 보내놓으면 아무것도 하지 않았는데 (400 + 60) - 260 = 200만 원이 남습니다.
이 정도 되면 거의 봉이 김선달이죠.
그래서 SI 업체에서는 초급자를 찾느라 늘 애가 탑니다.

정부 지원과 단가 마진이 여러분에게 월급을 주고 더불어 회사에도 이익을 안겨주기 때문에 신입분들이 취업하기 쉬운 것입니다.
이렇게 취업이 쉬운 시기가 계속 오지는 않습니다. 기회가 있을 때 취업을 하시고 열심히 내 것을 만들어내세요.

3.9. 교육 같은 건 기대하지 마세요.

우리는 초, 중, 고 12년동안 정규교육을 받습니다.
대학 4년을 추가하면 16년 동안 교육을 받지요.
만약 학원 출신이라면 여기에 6개월이 추가됩니다.
이 시간 동안 대한민국에서 자란 사람들은 **수동적으로 지식을 주입받는 삶**에 길들여집니다.
그래서 뭔가 회사에 들어가도 본인을 잘 가르쳐줄 거라고 피상적으로 꿈꾸시는 분들이 있습니다.
꿈 깨세요. 여러분이 생각하는 교육은 없습니다.

교육이 있다고 해도 사내 강사 초청, 인터넷 강의비 지불, ㅇ
ㅇ 캠퍼스 수강 시 수강료 대신 납부, 솔루션 업체의 종합 교
육 참가 등의 방식으로 이루어지지, 회사에 출근했는데 사람
들이 여러분을 붙잡고 하나부터 열까지 뭔가를 가르치고 있는
일은 절대 없습니다.
면접을 볼 때 제일 한심한 부류는 "합격만 시켜주시면 열심히
배우겠습니다."라는 말이 인터넷에 공공연하게 떠돕니다.
회사는 일하는 곳이죠. 가르쳐주는 곳이 아닙니다.
스스로의 공부는 스스로 해야 합니다. 누군가가 내 머릿속에
지식을 밀어 넣는 것을 기대하시면 안 됩니다. 아무도 그렇게
해 주지 않습니다.

3.10. 창의적인 인간이어야 개발자가 될 수 있을까요?

결론부터 말하자면 거의 아닙니다.

개발자의 덕목은 창의성보다는 논리성에 더 가깝습니다. 일단 프로그램은 논리적으로 작성하지 않으면 실행조차 안 되거든요.

영화에서 보는 것 마냥 무언가 번뜩이는 아이디어가 떠올라서 천재적인 알고리즘을 떠올린 후 이틀 밤을 새워서 제품의 프로토타입을 만들어내는 장면은 SI에서는 볼 수 없습니다. 그냥 다들 묵묵히 자기 주어진 일 하는 겁니다.

굳이 SI뿐만 아니라도 사실 대부분의 개발 업무는 생산노동에 가깝습니다.

창의적인 일이라고 해도 알고리즘을 개발한다거나 하는 게 아니라 여러 라이브러리나 기술 스택들을 이리저리 끼워 맞춰서 우리에게 맞는 기술 구현을 하는 정도기 때문에 앤디 워홀에 빙의해서 크리에이티비티에 머리 쥐어짤 필요 없습니다.

창의성은 크게 필요하지 않습니다. 걱정하지 마세요.

3.11. 어느 업계든 적응 못하는 사람은 있습니다.

세상 둘도 없는 좋은 직업도 못 견뎌 하는 사람은 있습니다.

다들 싫어하는 일도 아무렇지도 않게 하는 분들도 있죠.

이건 그냥 그 사람의 성향이 업계와 맞지 않을 뿐이지, "업계가 잘못했네!" 라던가 "사람이 잘못했네"로 귀결되는 문제는 아닙니다.

만약 주변에 적응을 잘하지 못한 사람이 있더라도 비난하거나 할 필요는 없습니다.

우리는 모두 다르고 잘하는 것도 서로 다르니까요.

그저 각자의 길을 잘 가도록 서로 열심히 살면 됩니다.

3.12. 첫회사의 습관은 평생 갑니다.

업무 태도도 혹은 사회생활도 첫 회사에서부터 대부분을 배웁니다.
그래서 첫 번째 회사에서 배운 습관이 몹시 중요합니다.

- 첫 회사에서 대충 개발하는 걸 습관이 되었다면 앞으로 어떤 상황에서도 똑같이 일 할 겁니다.
- 첫 회사에서 타인과 교류 없이 자기 마음대로만 하는 것을 습관이 되었다면 앞으로도 그럴 겁니다.
- 첫 회사에서 다른 사람에게 기대서 본인의 임무를 게을리했다면, 그게 습관이 되었을 겁니다.
- 첫 회사에서 책임감 없이 개발하고 남들에게 일을 떠밀었다면 달라지지 않을 가능성이 크죠.

그래서 첫 회사를 잘 골라야 합니다.

만약 첫 회사를 입사했는데, 이건 아닌 것 같다고 하면 차라리 퇴사하는 것이 현명할 수도 있습니다.
모두 다 엉망으로 일하는 분위기에서 혼자만 똑바로 일하는 것은, 마치 외눈박이 마을에서 눈이 두 개인 사람이 비정상으로 보이는 것과 비슷하지 않을까요?

성인이 된 다음 본인의 습관을 고치는 것은 의식적으로 노력할 때 최소 두 달이라고 합니다.
좋은 습관을 들이기 위해 의도적으로 노력할 강한 정신력이 있는 게 아니면, 반드시 일을 배울 때는 제대로 배워야 합니다. 그래야 힘 안 들이고 좋은 습관이 듭니다.

3.13. 좋은 선임 개발자

좋은 선임 개발자라는 건 여러 가지 의미가 있을 것입니다.

- 나한테 잘 해주는 사람도 좋은 사람입니다.
- 개발을 엄청나게 잘하는 사람도 좋은 사람입니다.
- 협의를 잘하는 사람도 좋은 사람이죠.

좋은 선임 개발자인지 판단하는 기준은 아주 간단합니다. 프로젝트를 우선할 것인가, 아니면 사람의 성장을 우선할 것인가를 판단해야 할 때 사람의 성장 비율을 단 10%라도 생각하는 사람이 좋은 선임 개발자입니다.

어떤 선임분은 그저 후임들을 편하게 일하는 데 집중하는 분들이 있습니다.
의도도 좋고 다 좋지만 이런 분들 아래에서 일하면 편하게 일하는 법만 배웁니다. 이렇게 배운 후임들이 안 편한 환경에 가면 못 버틸 가능성이 큽니다. 사실 이런 분들은 방관자에 가깝습니다.

어떤 선임분은 프로젝트를 완수하는 데만 집중하는 분들도 있습니다.
이런 분들에게 후임은 그저 프로젝트를 위한 수단일 뿐 방전되면 버리는 일회용 건전지와 비슷합니다. 건전지 수거함에 들어가고 싶지 않다면 이런 선임은 피하세요.

본인이 알고 있는 걸 최대한 알려주려고 하는 선임들도 있습니다.
이런 선임은 몹시 귀찮습니다. 바쁜데 물어보지도 않았는데 자꾸 뭘 알려주려고 합니다. 묻지도 않은 걸 말해주는 걸 꼰대라고 부르며 싫어하는 세대인 만큼 왜 귀찮게 구는지 이해가 안 갑니다. 그래도 이런 선임이 여러분의 성장에는 도움이 됩니다.

맨날 잔소리하는 선임들도 있습니다. 맞습니다. 저도 그런 잔소리 듣기 싫습니다.
잔소리가 "라떼는 말이야"라는 옛날 레퍼토리 돌림이라면 정말 싫습니다.
그렇지만 아직 사회생활이 익숙하지 않은 신입 개발자에게 습관을 잡아주기 위한 잔소리 대마왕은 나중에 크게 감사하게 되실 거라 생각합니다.

4장. SI 개발자로 살아남기

개발자로 취업했다고 해도 모든 것이 끝난 것은 아닙니다. 모든 직장이 다 그렇듯 자리를 유지하는 것도 부단한 노력이 필요합니다. 백조가 발을 계속 구르고 있듯이 살아남기 위한 이야기를 합니다.

4.1. 우리가 개발자로써 현실적으로 일할 수 있는 회사

이 글을 읽으시는 분이 그냥 평범한 인서울 혹은 지방대를 졸업하거나 대졸이 아닌 경우이고, 개발만이 내 인생! 이런 게 아니라 직업으로서의 개발자임을 상정하고 말씀드립니다.

- 우선 카카오, NHN 등 이름만 대도 누구나 알만한 서비스 기업은 제외하겠습니다. 이런 곳은 우리처럼 평범한 사람들이 있을 수 있는 곳이 아닙니다. 인생을 개발에 바치신 분들을 위한 곳입니다.
- 다음으로는 대기업입니다. 여기는 학벌, 실력 모두 다 좋아야 입사할 수 있습니다. 개발과는 별 상관없어 보이는 토익 점수도 필요합니다.

이제 우리 같은 평범한 개발자가 갈 수 있는 선택지는 3개 정도입니다.
솔루션 회사, 스타트업, 그리고 SI입니다.

- 솔루션 회사는 자체 솔루션을 만듭니다. 자사 제품을 만들어요. 급여는 보통 수준입니다. 자체 개발을 해서 판매를 하는 것이 수익모델이기 때문에 판매가 엄청나게 잘되지 않는 한 연봉이 올라갈 확률은 낮습니다. 금융적 리스크를 솔루션 회사에서 지기 때문입니다.
- 스타트업은 자체 서비스를 만듭니다. 보통 적은 자본으로 시작하기 때문에 투자를 받은 것이 아닌 이상 현금 유동성이 많이 부족합니다. 그래서 스타트업은 급여를 낮추는 대신 지분으로 옵션을 주는 경우가 많습니다. 서비스가 잘 되면 지분의 가치가 올라갈 테고 부자가 됩니다. 잘 안되면 그냥 적은 급여로 좋은 경험한 거지요.

- SI는 바로 여러분이 있는 곳입니다. 누군가가 시스템을 만들어달라고 요청하면 인건비를 받고 시스템을 만들어 주는 곳입니다. SI의 특징은 **인건비 기반**이기 때문에 성공/실패에 대한 리스크가 현저하게 적다는 점입니다. SI 회사는 그저 사람을 파견할 뿐이므로 프로젝트 성공/실패 여부는 원청(갑사 - 발주사)의 문제이지, 실제로 시스템을 구축하는 사람들의 문제가 아닙니다. 실패하면 나쁜 레퍼런스가 쌓일 수는 있겠지만, 최소한 (손해 배상 소송 같은 극단적인 경우를 제외하면) 자본적인 피해는 받지 않습니다.

위 기업 중 가장 리스크가 적은 사업이 SI입니다. 상품의 가치로 가격을 매기는 것이 아니라 인건비를 기준으로 가격을 매기기 때문에 우리같이 평범한 개발자들도 일할 수 있습니다.

4.2. 자기계발의 시간

개발자는 평생 배워야 하는 직업입니다.
기술은 계속 빨리 변하고 어느 순간 본인이 할 줄 아는 기술은
아무도 안 쓰는 사장된 기술이 되어 버리는 경우도 허다합니
다.
물론 SI 시장은 다른 시장에 비해 안정성을 추구하기 때문에
속도가 느리기는 합니다만, 그게 변하지 않는다는 뜻은 아닙
니다.

자기 계발의 시간을 가지지 않는다면, 어느 순간 도태됩니다.
도태되었을 때 다른 일을 하시겠다는 건 상관없는데, 그때쯤
되면 내 인생이 절반은 지나갔는데 할 줄 아는 건 개발밖에 없
다는 사실을 깨닫고 현타가 오는 경우가 많습니다.

매일매일 코드에 파묻혀서 살라는 말이 아닙니다. 재미있어서
매일 찾아본다면 상관없습니다만, 하기 싫어도 최소한의 자기
계발은 꼭 하는 것을 추천해 드립니다.

4.3. 연차와 실력은 사실 별로 비례하지 않습니다.

초급, 중급, 고급, 특급 등 우리의 등급을 나누는 것은 그저 임의적인 기준에 불과합니다. 사실 저 기준 외에 딱히 명확한 기준도 별로 없죠.

이러한 기준이 연차로 구분되기 때문에 연차가 자연스럽게 실력으로 비례한다고 우리는 믿게 되었습니다.

하지만 사실 **연차와 실력은 그다지 상관관계가 없습니다.**

오히려 실력은 어떤 일을 해 보았고, 어떤 일에 대해서 어떤식으로 접근하는지에 대한 결과물인 경우가 대다수입니다. **실력은 경험에 비례하지 시간에 비례하지 않습니다.**

아무 생각 없이 10년 동안 똑같은 페이지를 찍어내는 회사에 있었다고 해서 개발 고수가 되는 건 아닙니다.

단 1년을 일했어도 혼자 서비스를 만들어서 출시해 본 경험이 있다면 특정 업무나 분야에 대해서는 회사 부장님보다도 더 잘 알 가능성도 있습니다.

초급 분 중 가끔 "나는 초급이니까 대충 못 해도 되겠지!" 라고 말씀하시는 분들이 있으신데, "초급이니까 못해도 되겠지!" 가 아니라 "초급이니까 모르는 게 많고 그 모르는 간극을 채워야겠다" 가 맞지 않을까요?

4.4. 현상과 결과만 바라보고 과정을 바라 보지 않으면

SI는 바쁩니다. 거의 대부분 몹시 바쁩니다.
너무 바쁘다 보니 오류가 왜 나는지에 대한 부분을 경시하기 쉽습니다.
현상과 결과만 바라보고 과정을 바라보지 못하게 됩니다.
이렇게 되면 나중에 실력이 아니라 팁만 늘어납니다.

- 실력이 있는 사람은 "비슷한 상황 혹은 다른 상황에서 본인이 겪었던 경험을 바탕으로 문제를 해결할 수 있는 사람"입니다.
- 팁만 있는 사람은 "완전히 똑같은 상황이 왔을 때 이미 풀어놓은 기출문제를 가지고 문제를 해결할 수 있는 사람"입니다.

바쁘겠지만 **왜**를 꼭 생각하는 개발자가 되면 은퇴 전선에서 조금 더 오래 버틸 수 있지 않을까요?

4.5. 쿼리 실력을 키워요.

SI의 개발 실력은 쿼리에서 거의 결정이 납니다. 데이터베이스 중심 개발을 하기 때문이지요.
그래서 쿼리를 잘 만드는 사람이 SI에서는 인정받습니다.

요즘은 예전보다는 훨씬 사정이 좋아진 편입니다.
예전에는 DBMS 성능이 안 좋아서 쿼리 최적화를 열심히 해야 했거든요.
천만다행으로 컴퓨터도 좋아지고 DBMS 성능도 좋아져서 적당히 짜도 쿼리 결과는 빨리 나옵니다.

SI에서의 쿼리는 학원이나 책에서 보는 테이블 2~3개 조인하는 수준의 쿼리가 아닙니다.
테이블 구조에 따라 데이터 하나 추출하려고 테이블 열 몇 개를 조인을 해서 그루핑 하고 유니온하고 하는 이상한 경우 많습니다.
심각한 경우에는 프로시져 안에서 커서가 돌면서 뭔가 데이터를 가공하고 하는 일도 비일비재합니다.

쿼리를 분석하는 건 쿼리를 작성하는 것보다 더 골치가 아픕니다.
놀랍게도 쿼리에는 주석이 거의 없거나 있어도 그다지 쓸모없는 주석만 달린 경우도 많으므로 쿼리 분석에는 시간이 오래 걸립니다.
그럴 때는 쿼리를 작은 조각으로 분석하고 돌려보고 결과 보면서 다시 조립해서 따라가 보는 방법밖에 없습니다.

이런 삽질이 쿼리 실력을 키웁니다.

4.6. 처음 몇 년 배운 걸로 거의 평생 먹고 살 수 있어요.

농담이 아닙니다. 정말 조금 배우고 거의 평생 먹고 살 수 있습니다.
뭔가는 배우고 싶지 않은데 돈은 많이 벌고 싶은 사람에게 잘 어울리는 시장입니다.

사람은 나이가 들수록 뭔가를 배우는 일이 더 어렵고 오래 걸리기 마련입니다.
한 번 배운 기술로 계속 먹고살 수 있다면 이상적이죠.

신기술이 나와도 보수적으로 도입하기 때문에 천천히 배우면 됩니다.
그렇다고 전혀 안 배우면 일을 할 수 없으니 무턱대고 배움에 손을 놓으시면 안 됩니다.

4.7. 나이 많은 사람들이 계속 버틸 수 있을 까요?

신기술이 필요 없고 신입이 계속 들어오는데 나이 많은 사람들이 계속 버틸 수 있을까요?

지금까지의 상황만 보면 문제없어 보입니다.

신입들은 들어와서 3년 이내에 절반 정도는 없어집니다.
이후 3년 이내에 다시 절반이 없어지죠.
못 버티는 이유는 여러 가지가 있습니다.

- 나이가 많은 사람들은 아무리 노력해도 과거에 얽매여 있을 수밖에 없습니다. 그래서 젊은 사람들이 보기에는 답답할 수도 있어요.
- 원래 개발에 자질이 없는 사람도 생각보다 많습니다.
- 아직은 야근 주말 근무 문화가 있습니다. 없어지고는 있지만 조금 더 시간이 필요합니다.
- 이미 몇 년 선배들은 지쳐서 나갔습니다. 가장 가까이서 배울 선배가 없습니다. 그래서 뉴비와 올드비만 존재하고 한참 개발할 5-10년 차 개발자들이 별로 없어서 보통 허리가 없다고 표현합니다.
- 사람은 필요한데 공급이 수요를 못 따라갑니다.

정리하면 버티기만 하면 힘은 들겠지만 먹고사는 데는 지장이 없을 것 같습니다.

4.8. SI에서 실력이 없는 사람이 겪는 일

```
어찌어찌 입사();

do {
    일을 맡는다();
    work_status = "실력이 없어서이든 말을 못알아들어서이
든 둘 다이든 퇴근시간까지 그날의 업무를 다 못처리함.";
    야근();
    status = STATUS.피곤;
    자기개발을 할 시간 = 0;
    실력 += 0;
    // 다음날도 비슷한 상황이 반복.
    for (day in 관리자.지켜본다(min=며칠, max=몇주)){
        if (관리자.인내심한계){
            관리자.말한다("그동안 수고하셨어요. 내일부터
안오셔도 됩니다.")
            break;
        }
    }

    if (지긋지긋) {
        break;
    }else{
        // 그나마 할 줄 아는 것이 이것밖에...
        다른 일자리 찾기();
    }
} while (true)

다른업종알아보기();
```

4.9. SI 에서 실력이 없어도 버티면 생기는 일

실력이 없으니 오래 걸려서 야근합니다.

자기 계발은 커녕 오류의 원인도 알아낼 수 없습니다.

대신 특정 상황에서는 어떻게 해결한다는 팁이 늘어납니다.

팁이 정석인지 아니면 우연치 않게 그렇게 된 건지는 모릅니다.

그런데 경력은 쌓여 갑니다.

가지고 있는 팁에 해당하는 특정 상황 말고는 해결 못 하게 되었습니다.

대신 업무를 엄청나게 잘하게 되었습니다?!

기술 기반이 아니라 업무 기반의 개발 환경에서는 이쪽이 오히려 더 유리할 수도 있습니다.

버티세요 :)

4.10. 5년만 버티면

딱 5년만 버텨보세요.

3년 정도에 고비가 옵니다.

신입으로 들어와서 3년 버티고 나니 돌아가는 것도 알 것 같고 개발도 좀 하는 것 같은데 이때부터 올드비들의 행동들이 눈에 거슬리기 시작합니다.

기술도 모르면서 그냥 나이 먹었다고 거들먹대는 것만 같죠.

이 순간이 지나서 5년이 지나 6년 차가 되면 어느 순간 나도 올드비들을 닮아가고 있음을 깨닫습니다.

SI 개발 다 거기서 거기고 중요한 건 비즈니스라는 것을 눈치 챕니다.

비즈니스를 익히고 나면 이제 여유가 있어집니다. 개발과 업무 둘 다 알거든요.

대신 버틸 때는 온 힘을 다해 버텨야 합니다.

오버타임으로 일하라는 게 아닙니다. 그렇게 하면 오히려 힘들어서 못 버팁니다.

선배들이 가진 능력. 개발이든 업무든 협상이든 뭐든 무조건 내 걸로 만들려고 노력해야 합니다.

그렇게 선배들 것을 가지고 오고 나면 이제 내가 아는 것을 물려줄 차례입니다.

밥그릇 뺏길까 봐 걱정하지 말고 물려주셔도 됩니다. 어차피 오래 버티는 후배들 많지 않으니까요.

후임분들이 빨리 크면 그만큼 일을 나눌 수 있으니 더 편해집니다.

4.11. 주변탓 해봤자

연차에 비해 실력이 낮은 사람들이 있습니다.
이 사람들의 특징은 주변 탓을 한다는 겁니다.
핑계도 여러 가지입니다. 환경. 관리자. 주위 개발자. 프로그
램 구조. 심지어는 집과 근무처 간의 거리, 개인사까지 모두
주변 탓입니다.
원래 사람은 그렇습니다. 남을 탓하면 편해집니다. 내 잘못이
아니라고 생각하면 아무런 노력도 필요 없습니다.

모든 개발자가 미친 듯이 노력하는 게 정상이라고 생각하지는
않습니다. 열심히 노력해서 남들보다 높은 경지에 올라가는
사람도 있고, 평범하게 살아가는 사람도 있는 거잖아요. 다만
주변 탓 하는 사람들은 평범하게 살아가기 위한 최소한의 노
력도 하지 않는다는 점이 다릅니다.

프로젝트에서는 경력에 따라서 업무를 할당하는데, 경력만큼
을 못하는 경우가 있습니다.
SI에서 고급, 특급 레벨이 돼서 분석 설계를 하기 전에는 다
비슷비슷한 일을 합니다. 연차 간의 차이라고 해도 얼마나 요
령이 있느냐의 차이 정도입니다.
그런데 이제 고급, 특급 레벨이 되면 분석 설계를 해야 할 시
점이 옵니다. 연차에 비해 실력이 없으면 분석 설계를 할 능력
이 안 되는 겁니다.

물론 이런 분들도 살아남을 방법은 있습니다.

- 대표적인 것이 고급이지만 중급 단가를 받고 이제껏 해
  왔던 것만 계속하는 것입니다.
  이 방법이 자존심 혹은 생계 상의 이유로 불가능하다면
  두 번째 방법도 있습니다. * 분석 설계는 다른 사람이

하는 곳으로 들어가는 것입니다.

저는 이게 나쁘다고 생각하지 않습니다. 사람은 다 능력껏 살아가는 것이고, 그 능력은 일부가 부족할 수도 넘칠 수도 있으니까요.
게다가 SI 프로젝트의 경우에는 실력과 무관하게 연차로 등급을 책정하기 때문에 실력과 연차와의 격차가 벌어지는 경우가 생길 수 있습니다.
하지만 만약 본인이 연차에 비해 개발을 못 하는 것 같아서 스트레스를 받는다면 이제 공부를 시작하시면 됩니다. 너무 늦은 때는 없습니다.

4.12. 일정은 두배로 잡으세요.

특정 요구사항이 들어옵니다.
관리자분은 보통 얼마나 걸릴지 물어봅니다.
바로 확인하지 마시고 **확인 후 말씀드리는 여유**가 필요합니다
. 너무 급하게 일정 산정을 해야 한다면 압박감에 일정을 당기
게 되거든요.
확인한 후에는 최대한 빨리 말씀드리세요. 그래야 대답을 기
다리는 관리자분이 많이 기다리지 않아요. 오래 기다리면 관
리자는 화가 나서 일정을 더 줄일 가능성이 큽니다.

관리자분에게 생각하신 일정의 두 배를 말하세요.
관리자는 말씀드린 일정을 듣고 놀라거나 놀라는 척합니다.

- 놀라는 경우는 정말 너무 오래 걸려서 놀라는 경우입니
  다. 보통 관리자가 된 지 별로 안 된 분들에게 보이는 반
  응이죠.
- 놀라는 척하는 분은 이미 경험이 많은 분들이십니다. 그
  분들도 같은 과정을 거쳐서 관리자가 되었기 때문에 다
  알아요.
- 전혀 안 놀라는 사람도 있습니다.

사실 관리자는 대충 얼마나 걸릴 지도 어느 정도 예상합니다.
업무를 받거나 배분할 때 미리 계산해 두거든요. 그래도 개발
자의 협의하지 않고 강행하면 나중에 클레임이 들어올 수 있
으니 물어보는 것입니다.

대부분 관리자는 일정에 따라 두 배의 일정을 받아들이거나
당기는 조율을 시도합니다.
조율하시더라도 1.5배 이하로는 조절하시면 안 됩니다.
일찍 일 끝내고 놀고 싶어서 그러는 게 아닙니다.

실제로 개발을 하다 보면 머릿속으로 생각하는 것보다 훨씬 손이 많이 가고 번거로우며 시간을 많이 잡아먹는 일이 거의 반드시 생기게 됩니다.

요구사항을 들었을 때는 어떻게 구현해야 할지만 머릿속에 관통하지 다른 부가적인 작업에 대해서는 그다지 생각하지 않을 경우가 많으므로 기타 부가적인 작업을 하는 시간을 벌어두는 것입니다.

1.5배의 시간을 벌었으니 놀다가 막판에 열심히 해야지…. 라고 하면 높은 확률로 시간 내에 못 끝냅니다.
사실 얼마나 걸릴지 만드는 사람도 잘 모르니까 우선 다 만들어두는 것이 모두에게 좋습니다.
시간이 남으면 좋은 거고 아니어도 최소한 일정 내에는 맞출 수 있으니까요.

4.13. 실력 향상 커브

누군가가 개발자로 성장하는 과정은 어린아이가 걷는 과정과 비슷합니다.

갓 태어난 아기는 뒤집지도 못합니다. 하지만 1년만 지나면 걸어 다니기 시작해요.
개발자로 처음 시작한 사람들은 개발 툴도 잘 못씁니다. 하지만 3년만 지나면 대부분의 일을 마우스 없이 단축키로만 처리할 수 있습니다.

처음 1년 동안 뒤집지도 못하던 아기가 걸었다고 해서 다음 1년 이내에 넘어지지 않고 걸어다닐 수 있을까요? 아이가 무의식중에도 넘어지지 않고 걸어 다니려면 최소한 만 세 돌은 지나야 합니다. 처음 1년 동안 발전한 것에 비해서는 속도가 더뎌지죠.

개발자도 마찬가지입니다. 처음에는 백지상태기 때문에 흡수가 빠르고 실력이 확 늘어나게 되지만 그 이후에는 속도가 느려집니다.
나중엔 알고 있는 걸 안 틀리고 빠르게 할 수 있게 되는 거죠.

그 와중에 틈틈이 본인에게 쌓인 지식을 바탕으로 조금씩 모르던 것을 쌓아가고 더 단단하게 만들어내게 됩니다.

십여 년이 지나면 실력 향상 커브가 굉장히 완만해집니다. 제자리인가 싶을 정도로요.
나이가 많이 들어서라는 이유도 있겠지만, 무엇보다도 그간 쌓인 지식을 베이스로 새로운 것을 쌓으려니 되려 새로운 것을 배우는 데 방해가 되는 경우도 많습니다.

누구나 다 그렇습니다. 나만 뒤처지는 것 아닌지 너무 걱정하지 마세요.

4.14. 사이드 프로젝트

SI에서 쓰는 기술은 아쉽게도 혼자 뭔가를 할 때 최적화된 기술들은 아닙니다. 기본적으로 여럿이서 여러 부분을 만드는 데 더 적합한 기술입니다.

자기 계발에 대한 욕망이 있다면 혼자 무언가를 만들어 보는 건 어떨까요?

요즘은 아주 적은 금액 혹은 무료로 서비스 하나를 만들기에는 최적의 시기입니다.
Github, Firebase, AWS, 등 클라우드도 많습니다.
레퍼런스나 API 문서도 잔뜩 있습니다. 심지어 원클릭으로 복사도 됩니다.
사이드 프로젝트에서 한 일들이 비록 밥벌이는 안 될 지언정 실력 향상엔 도움이 많이 됩니다.

4.15. 저는 초급이라서 아무것도 못해요.

신입은 사실상 회사에서는 **짐짝**같은 존재입니다. 하는 건 없는데 자리는 차지하죠.
신입을 다듬어서 뭔가 쓸모 있게 만들어내고 싶지만, 경력자들도 바쁩니다.
그러면 스스로 어떻게든 알을 깨고 나와야 해요. 분위기에 익숙해지는 겁니다.

이제 알을 깨고 나오면 병아리 초급자가 됩니다.
병아리 초급자가 뭔가를 익숙하게 해 내리라 기대하는 사람은 없습니다.
그렇지만 최소한 병아리라면 삐악삐악 소리도 내고 돌아다니는 것 정도는 기대해요.

병아리가 "나는 아직 아기니까 보호받고 싶어요. " 라고 말하면서 짚 위에 누워만 있으면 과연 사람들이 "오 우리 병아리 그랬어요. 우쭈쭈" 라고 할까요?
아니요. SI는 냉정합니다. 닭장 주인이 와서 보고는 **짚 위에 누워만 있는 병아리를 내다 버릴 확률이 훨씬 높습니다.**

아무것도 못 한다면 오히려 기회입니다. 다들 아무것도 못 한다고 인식할 때 조금씩 하는 법을 배워보는 거에요. 조금 코드를 잘 못 짜도, 쿼리가 이상해도, 기능 구현이 어설퍼도 이때는 봐줍니다. 이럴 때 마음껏 해 보세요.

오히려 중급자, 고급자가 되면 코드 하나하나에 책임감을 묻혀야 합니다. 실수하는 순간 "경력자가 왜 그래?"라는 핀잔 혹은 더 심한 반응을 듣습니다.

"초보자니까" 를 무기 삼아 한쪽에 숨어서 있지 마세요. 그런 식으로 경력이 쌓인 후에 경력자로서의 대우를 기대한다면 어불성설이죠. 사람들은 몇 마디만 해 보고 코드 잠깐만 보면 어느 정도 개발 실력인지 금방 눈치챕니다.

4.16. 오버스펙으로 일하는 것

업무가 주어지고 나면 항상 온 힘을 다해서 오버스펙으로 일하시는 분들이 있습니다.
일주일 동안 해야 할 일을 3일 만에 해치워버리고는 더 할 일이 없느냐고 물어보시는 분들 말입니다.

열정이 많은 건 충분히 인정합니다.
그렇지만 이런 분들이 나중에 몸 상합니다. 숨 돌릴 틈도 없이 일하거든요.

SI에서는 어차피 못하는 사람은 시켜도 못하니까 잘하는 사람한테 일이 압도적으로 몰리는 현상이 나타납니다.
그리고 SI에서 잘한다는 의미는 빠른 기간 내에 개발을 마친다는 의미죠.

일을 일찍 끝내니 더 일이 몰리고 더 일이 몰리니 더 많은 일을 하고 가 반복됩니다.

물론 오버스펙으로 일하시는 분들은 회사 혹은 다른 회사의 마음에 들어서 스카우트 제의가 들어오거나 연봉 인상률이 높다거나 하는 이익으로 돌아올 수는 있습니다.
이렇게 스카우트를 제의하거나 높은 연봉인상을 제안하는 이유는 이 사람이 **본인의 몸 상태를 생각하지 않고 오버스펙 으로 일하기 때문** 입니다.
회사는 몸 생각 안 하고 열심히 일하는 사람에게 돈을 더 지급할 용의는 있지만, 나중에 건강이 망가졌을 때 여생을 책임질 생각은 없습니다. 그럴 이유도 없지요.

아직 젊으니까 몸 상태를 생각하지 않고 오버스펙으로 일하겠다는 분도 계실 거고, 반대로 오버스펙은 질색이라는 분도 계실 겁니다. 어느 쪽이든 선택은 본인의 몫이지만 늘 건강은 챙겨가면서 일하시길 바랍니다.

4.17. 회사의 노예

회사의 노예는 회사의 시스템에 갇혀 있는 사람들을 지칭합니다.

특히 특정 솔루션을 회사에서 SI에 파견 나가는 사람들에게 가끔 보이는 현상입니다.

본인 회사의 솔루션에 대해서는 엄청나게 잘 알기 때문에 어느 SI 프로젝트에 들어가서도 잘해 내고 칭찬받습니다.

그런데 정작 본인 회사의 솔루션 외의 지식은 거의 없어서 다른 업무는 하나도 못하는 분들이 있습니다.

회사가 천년만년 퇴사할 때까지 번창한다면야 희망이 있는 삶이겠지만 안타깝게도 그럴 가능성은 작죠.

게다가 시간이 흐를수록 연봉이 높아지는데 늘 똑같은 일만 하고 있다면 회사는 새로운 사람을 키워서 연봉이 높은 사람을 내보내려고 생각할 수도 있지 않을까요?

회사 일을 열심히 하는 것도 중요하지만 틈틈이 혼자서도 일어날 수 있는 준비가 필요합니다. 너무 회사에만 매이지 마세요.

4.18. 결과지향주의 코딩

SI를 오래 한 분일수록 결과지향 주의적 코딩을 하는 경향이
많습니다.
과정이야 뭐면 어때 결과만 제대로 나오면 되지…. 라는 태도
로 개발에 임하는 것입니다.

사실 개발자로 사는 삶은 인터프리터의 동작과 비슷합니다. R
EPL (Read Eval Print Loop)을 반복하면서 경험을 쌓아가
는 거에요. 다른 문서 혹은 코드를 읽고(R) 적용해서 평가하고
(E) 결과를 확인하고(P)를 되풀이하는 거죠.
그런데 결과 지향적인 사고를 하면 여기서 E(val) 이 없어져
버립니다. 이렇게 하면 해결되는구나…. 의 팁만 남게 되는 거
에요.

노하우가 돈이 되거나 경쟁력인 시대는 이미 과거의 유물입니
다.
시간이 흐르고 기술이 발전하면 점점 알고 있는 팁이 작동을
안 합니다.

화려한 불안감이 온몸을 감싸겠지만 걱정하지 마세요. 그만큼
새로운 팁이 다시 생겨날 테니까요.

4.19. 서비스 기업에 있는 개발자들과 SI 기업에 있는 개발자들

개발을 정말 좋아하는 분들도 계십니다.
뭔가 목적이 없어도 신기술이 좋아서 뭔가를 만들어내는 것이 좋아서 집에 가서도 코딩하시는 분들이요.

SI는 이런 분들의 갈증을 채워주지 못합니다.
SI가 부족해서가 아니라, SI는 대단히 많은 사람들의 협업체이고, 한 사람의 힘으로 뭔가를 할 수 있는 구조나 크기가 아니기 때문입니다.

개발을 정말 좋아하는 분들은 스스로 뭔가 결정하고 판단하고 만들어내는 것을 좋아하기 때문에 의사결정권이 없는 환경을 잘 못 견뎌 하는 성향일 가능성이 큽니다.
이런 분들이 서비스 기업으로 가서 카카오톡도 만들고 네이버도 만들고 합니다.
스타트업에서 마음껏 만들고 싶은 걸 만드는 일도 있죠.

SI에 남은 분들이 개발을 싫어한다거나 하는 건 아닙니다.
급여나 기타 환경에 적응했으니까 계시는 경우도 있고 작은 규모에서는 느낄 수 없는 시스템 설계에 희열을 느끼시는 분들도 계십니다.

가끔 커뮤니티에 보면 개발에 미쳐야지만 개발자다…. 라는 분들을 보는데 굳이 그럴 필요는 없습니다.
스스로 만들어내는 것이 인생의 낙인 분도 있으실 거고 큰 시스템 일부로써 즐거움을 느끼시는 분들도 있으실 테니까요.

그리고 단순히 직업으로써의 개발자로서 살아가는 사람도 비난할 필요는 없어요. 각자의 삶이잖아요.

4.20. 서비스 기업이 SI 출신을 채용하지 않는 이유

사실은 서비스 기업도 SI 출신 분들을 채용합니다.
다만 서비스 기업의 채용 인원과 비교하면 SI의 규모가 훨씬 크므로 개발자 대부분이 SI 현장에서 일하는 것처럼 보일 뿐입니다.

덧붙여서 서비스 기업 중에는 프리랜서 계약할 때 SI 출신 프리랜서를 꺼리는 곳들도 있습니다.
일부 개발자분들이 나 몰라라 하고 엉망으로 프로그램을 짜 놓는 경우를 경험하고 나면 SI 출신자는 피하게 됩니다.
실은 엉망으로 작성한 사람 잘못이지 출신의 문제가 아닌데도 색안경을 끼게 되지요.

서비스 기업 중에는 SI 출신은 채용하지 않는 경우도 많습니다.
SI와 서비스 기업은 프로그램을 작성하는 방식이나 업무 스타일이 전혀 다르므로 적응을 못 할 것으로 생각하기 때문입니다.
이것은 어쩔 수 없는 문제라고 생각합니다. 스스로 사장님이 되지 않는 이상 우리는 클라이언트의 요구사항을 맞춰야 하는 노동자입니다.

반대로 SI 회사에서는 서비스 기업 출신을 뽑지 않을까요?
아니요 뽑습니다. SI는 사람이 늘 필요하니까요.

4.21. 개발자와 엔지니어, 그리고 코더

세상에는 개발자가 두 종류가 있다고 믿는 부류의 사람들이 있습니다.

1. 개발자는 당면한 문제를 해결하는 사람이라고 믿는 사람.
   불편, 장애, 재미 등, 뭔가 불편하다면 그걸 개선하는 사람이라는 거죠.
   일부 사람들은 이런 부류의 개발자를 엔지니어라고 부릅니다.

2. 개발자는 코드를 읽고 쓸 수 있으며 설계에 따라 구현을 할 수 있는 전문직 노동자라고 생각하는 사람.
   일부 사람들은 이런 부류의 개발자를 약간의 비하의 의미를 담아 코더 혹은 코드몽키라고 부르곤 합니다.

그런데 꼭 코드에 혼을 담아 개선하는 사람들만 대단한 사람인 양 으스대고 유사 코드를 작동하는 코드로 바꿀 수 있는 사람은 깎아내리는 게 과연 맞는 일일까요?
바보 같은 편 가르기 프레이밍은 선동질하는 사람들만 명성을 얻게 할 뿐 휩쓸리는 사람에게는 아무런 이득도 없이 상처만 만듭니다.

게다가 이런 이분법적인 사고방식을 적용하더라도 어느 순간에 엔지니어가 코더가 되고 코더가 엔지니어가 뒤바뀔 수 있다는 것도 늘 새겨야 합니다.

영원한 건 없어요.

4.22. SI는 나쁘고 스타트업은 좋다?

유튜브에서 가끔 SI는 나쁘고 힘들고 하니 스타트업 가세요~ 하는 영상을 봅니다.

그 의견은 개인의 의견이니 제가 옳다 그르다 할 수 있는 것은 아닙니다.

하지만 본인이 해보지 않은, 혹은 예전에 해보았던 경험만을 가지고 업계 전체를 싸잡아서 비난하는 게 올바른 해답은 아닐 겁니다.

스타트업과 SI는 생태계가 다릅니다.

SI는 인력 집약적 노동 시장에 가깝습니다. 아무리 공장이 자동화되었어도 사람이 필요하듯 인원을 투입해서 결과를 만들어내는 공장입니다. 그래서 한 사람에게 여러 포지션을 맡기는 일은 없습니다.

스타트업은 반대로 기술집약적 시장에 가깝습니다. 가능한 사람이 적게 투입되어서 빠른 아웃풋을 뽑아내는 걸 모토로 삼죠. 따라서 한 사람이 모든 업무 분야를 처리하는 일도 있습니다.

서로 업계의 특성이 다른 만큼 각자의 성향에 맞는 업계에서 일하시면 됩니다. SI의 성향이 본인과 맞지 않는다고 해서 다른 사람도 그러리라는 보장은 없습니다.

4.23. 스타트업에 대한 환상 부시기

SI에서 일하시는 분들은 스타트업에 대한 환상이 많으실 수도 있습니다.

A. 스타트업은 모두 평등하다.

스타트업이라고 모두 평등한 건 없습니다.
직위가 없이 서로 이름 혹은 영문명으로 부른다고 해서 모두 평등해지는 것은 아닙니다. 그냥 사장님 판타지에 가깝습니다.

외국에서는 직위, 즉 매니저냐 디벨로퍼냐 하는 포지션에 따라 하는 일이 정해지기도 하고 매니저라고 디벨로퍼의 상위에 있는 경우는 아니라고 말은 들었습니다.
다만 그건 원래 나이나 서열을 크게 따지지 않는 세상 사람들 이야기이고, 여기는 대한민국입니다. 두 명만 있어도 서로 서열을 정하려고 기 싸움 하는 곳입니다. 우리는 서열제로 계속 살아왔으니까요.

B. 만들고 싶은 제품을 만든다.

아니요. 스타트업은 돈 내는 사람이 만들고 싶은 걸 만드는 겁니다. 개발자가 만들고 싶은 걸 만드는 게 아닙니다. SI랑 별 차이 없습니다.

C. 기술 스택을 내 마음대로 사용할 수 있다.

일부는 맞고 일부는 틀립니다.
시니어 개발자의 경우 기술 스택을 결정할 수 있는 권한이 있을 수도 있습니다.

주니어 개발자도 합당한 이유가 있다면 기술 스택을 제안할 수 있는 분위기는 있을 수도 있습니다.

그렇지만 기술 스택이라는 건 뭘 만들지에 따라서 **결정되어야 하는 거지 내가 사용해보고 싶다고 해서 결정할 수 있는 건 아닙니다.**

CTO가 있다면 CTO가 최종 결정을 내립니다. 여러분이 아닙니다.

D. 스타트업과 단합

스타트업에서 단합은 잘 될 수도 아닐 수도 있습니다.

스타트업이라서 딱히 단합이 잘 되는 건 아닙니다. 그냥 크기가 작으니까 모두 모여서 뭔가를 하기 좋은 구조인 겁니다. 3명이 모여서 점심을 먹으러 가는 건 아무 때나 할 수 있는 일이지만 100명이 모두 모여서 점심을 먹으려면 일단 100명이 들어갈 수 있는 식당부터 알아봐야 하는 이치랑 똑같습니다.

단합은 사람의 문제이지 환경의 문제는 아닙니다.

---

5. 작으면 기민하다.

크기와 속도는 비례할 수도 있고 아닐 수도 있습니다.

조직이 작다는 건, 방향을 빠르게 선회할 수 있다는 뜻입니다. 반면 조직이 작으므로 지원 조직이 따로 없습니다. 다 직접 해야 합니다. 전화도 직접 받고 커피도 직접 사려 가야 하고 인사 세무 회계 등 경영적인 업무나 서버 등 인프라적인 부분도 직접 만져야 하고 (클라우드를 쓴다고 모두 다 자동인 건 아닙니다. 물론 반자동화되어있는 건 사실이지만 모두 다 알아서 된다고 하는 사람들은 직접 실무를 하시는 분들이 아닐 가능성이 큽니다) 장애도 직접 대응해야 합니다.

즉 개발 외에 수많은 항목에 대해서 신경을 써야 하는 것이 스타트업입니다.

의외로 큰 기업도 기민하게 움직이는 경우가 많습니다. 속도는 회사 분위기와 시스템 문제이지 크기의 문제가 아닙니다.

---

6. 급여가 많다.

가장 크게 착각할 수 있는 부분입니다.

스타트업이라는 말을 바꾸어 말하면 그냥 소기업입니다. 시작한 지 별로 안 되었고, 크기가 작다는 뜻입니다.

어디선가 투자를 받았거나 캐시카우를 가지고 시작하는 것이 아닌 이상 스타트업 멤버의 월급은 대부분 창업자가 기존에 가지고 있던 돈에서 나옵니다.

한정적인 금액을 가지고 빨리 돈이 들어오기 시작해야 하는 스타트업의 운명에서 월급을 많이 주고 조금의 잉여 인력 정도는 괜찮다는 말은 용납되지 않습니다.

월급이 많을 수는 있지만, 실제로 하는 일은 월급보다 훨씬 많아야 합니다.

스타트업은 인상할 수 있는 월급의 한계가 있으므로 지분 쉐어를 하는 경우가 더 많습니다. 잘 되면 회사의 가치가 오를 테니 지금은 월급이 적더라도 미래를 위해 열심히 하자는 취지입니다.

---

7. 야근을 하지 않는다.

야근은 어디나 다 합니다. 일이 많을 수도 있고 야간 운영 시스템 배포 등이 있을 수도 있고 새벽 3시에 장애 터져서 자다 말고 일어나서 일해야 할 수도 있습니다.

오히려 큰 기업은 대응할 인력이 상주하거나 교대근무를 할 수 있는 여력이 있지만 스타트업은 그런 거 없습니다. 내가 작성한 코드 나밖에 모르는 경우가 대부분입니다. 백업 인원을 둘 만큼 여유가 있지 않습니다.

어디선가 스타트업의 다른 이름은 **믹서기**라는 말도 들었습니다. 제품에 직원들을 갈아 넣어서요.

4.24. 연차는 쌓였는데 실력은 없는 분들이 살아남기 위한 가이드

- 절대로 분석, 설계자로 투입되지 않습니다. 분석 설계자가 되면 실력 들통 나고 바로 계약 종료될 가능성이 다분합니다.

- 공식적인 관리자가 되면 안 됩니다. 관리자가 되면 개발 실력 + 협상 능력이 필요합니다. 기초가 없다면 둘 다 불가능합니다. 대신 비공식적 관리자인 것처럼 행동해야 합니다. 업무를 시키는 것이 당연하다는 태도를 취하세요.

- 가능한 말을 아끼고 카리스마 있게 행동하는 것을 잊지 마세요. 남들에게 내가 사실은 아무것도 안 하고 있다는 사실을 들키면 안 됩니다.

- 상하 관계를 명확하게 합니다. 아무도 내 말에 거역하지 못하도록 압박합니다. 누군가가 반론을 제기하려고 하면 화를 내는 스킬도 필요합니다.

- 착한 사람들을 평소에 눈여겨봐 두셔야 합니다. 그리고 업무가 할당되면 착한 사람들에게 업무를 나누어 주어야 합니다. 이때는 비공식적 관리자로서 당연히 해야 할 일을 한다는 태도를 잊으면 안 됩니다.

- 상급자가 오면 무언가 바쁜 척하거나 일을 시킨 사람에게 가서 일의 진척도를 물어보고 도와주는 척해야 의심을 피할 수 있습니다.

- 누군가가 기술적인 이야기 등을 시작하려고 하면 왜 그

런 얘기를 하냐고 핀잔을 주는 것도 하나의 기술입니다. 그런 것도 모르면서 어떻게 할 거냐고 당장 가서 찾아보라고 할 수도 있습니다.

- 프로젝트를 고르는 능력도 중요합니다. 주로 공공 프로젝트를 추천해 드립니다. 공공 프로젝트는 발주자가 비 IT 인이어서 주력 분야에서는 전문가지만 IT에서의 전문적인 역량은 떨어지는 경향이 있습니다. 그래서 사실 내가 아무것도 하지 않는다는 것을 안 들킬 확률이 높습니다.

- 만약 사실은 내가 실력이 없다는 사실을 남들이 알게 되어도 아닌 척해야 합니다. 버텨야 살아남을 수 있습니다. 이때는 무슨 이야기를 들어도 아무 대답도 하지 않는 스킬을 추천해 드립니다. 이 스킬을 사용하면 답답하고 성격 급한 사람이 일을 처리하게 되어 있습니다.

- 퇴사를 통보 당할 수도 있습니다. 노동부에 부당 해고로 신고하면 됩니다. 운이 좋으면 실업 급여를 받을 수도 있습니다.

- 어쨌든 일자리가 없어졌으므로 다시 처음으로 가서 반복합니다.

- 소문이 나면 더는 일자리를 구하기 어려울 수도 있습니다. 걱정하시지 않아도 됩니다. 다른 분들이 꺼리는 프로젝트들은 늘 사람이 부족하다는 것을 잊지 마세요. 지옥의 불구덩이 프로젝트도 상관없습니다. 어차피 가서 일하지 않을 것이기 때문에 환경은 전혀 문제가 되지 않습니다.

4.25. 사업관리 혹은 오퍼레이터

사업관리자는 SI의 사업을 관리하는 직군입니다.

SI 사업은 개발만으로 굴러가지 않습니다. 출퇴근, 보안 프로그램 설치, PC 반입반출, 커피 떨어지면 사다 두기 등 잡다한 일도 누군가는 해야 합니다.
애당초 사업관리 포지션으로 들어가는 건 상관없는데 개발자로 프로젝트에 합류했으나 사업관리를 시키는 건 **실력이 미덥지 않아서** 입니다.
단순하게 연차만 보고 연차가 낮으니 개발자를 사업관리를 시키는 일은 없습니다. 개발자보다 사업관리자가 급여가 더 적을 가능성이 크거든요.
일을 시켜봤는데 일 처리가 마음에 안 들거나 업무 태도가 마음에 안 들 때 사업관리로 포지션이 변경되죠.

오퍼레이터도 사업관리자와 비슷합니다.
오퍼레이터는 수기로 작성된 데이터를 디지털 데이터로 변환하기 위해 입력하거나, 이미지에 쓰여 있는 정보를 PC에 입력하는 인간 OCR 역할을 하는 분들입니다. 비슷한 업무로 엑셀에 있는 데이터를 그대로 웹에 입력하시는 분들도 있습니다.
오퍼레이터분들 중 조금 더 나은 사람들은 입력한 데이터를 정제하는 쿼리를 실행시키는 역할도 겸하는 분들도 있습니다. DBMS 툴에서 버튼을 눌러서 쿼리를 실행할 수 있는 능력 정도만 있으면 되기 때문에 절대 쿼리 작성을 맡기지는 않습니다.
개발자로 프로젝트에 합류했는데 오퍼레이터 업무를 하고 있다면 실력이 전혀 늘지 않을 겁니다. 쿼리를 작성하지 않는데 쿼리 실력이 늘어날 수는 없죠.
오퍼레이터로 포지션을 발령받은 경우도 사업관리의 사례와 비슷합니다. **실력을 못 믿어서 입니다.**

특별한 직군 명은 없지만, 개발 대신 문서만 만드는 사람도 있습니다. 발주처에 제출할 멋진 문서 말고, 개발자들이 반드시 작성해야 하는 프로그램 명세서 같은 문서를 만드는 겁니다. 다른 사람이 개발한 코드를 읽고, 화면을 보고 캡처해서 파워포인트에 붙여넣습니다.
이러한 포지션으로 변경되는 이유는 사업관리자나 오퍼레이터와 똑같습니다. **개발 업무를 맡길 경우 오히려 발목만 잡을 것 같다는 판단**에서 나온 결과입니다. 차라리 다른 사람에게 개발만 맡기고 문서 작성자를 따로 두자는 것입니다.

주로 사업관리나 오퍼레이터 업무는 초급 개발자에게 많이 주어집니다. 고급 개발자에게 비싼 단가를 주고 시키기에는 돈이 아까우니까요.

안타깝지만 개발자로서의 경력을 계속하고 싶은데 사업관리나 오퍼레이터로서의 업무를 부여받았다면 다른 프로젝트를 알아보시는 것도 방법입니다.

만약 다른 일을 바로 구하기가 어려우므로 계속 SI 사업장에 남아계셔야 하는 상황이라면, 왜 내가 개발 실력을 인정 못 받고 다른 직군으로 배속되었는지 한번 주위 상황을 지켜보는 센스도 필요합니다.
처음에 프로젝트에 개발자로 합류하기로 했다면 이미 면접을 통과한 상황이었을 것이고, 면접을 통과했다면 최소한의 개발자로서의 소양은 되었다고 면접관이 판단했었을 겁니다.
그렇다면 면접 때와 실제 업무 진행과의 괴리가 있으니 관리자가 포지션을 변경했다는 뜻이므로 내가 프로젝트 투입 후에 어떤 행동을 했는지 찬찬히 한번 생각해 보세요.

다른 프로젝트에서 인터뷰를 진행할 때 사업관리나 오퍼레이터 업무가 있다면 커리어 전체를 다 경력으로 봐 줄 가능성은 거의 없습니다.

혹시 연차를 다 쳐 줘서 중급자가 된다고 해도 중급자 수준에 맞는 개발을 할 수가 없으므로 도태됩니다.

4.26. SI가 재미없다고 느껴지는 근본적인 이유

SI는 커다란 시스템을 만듭니다.
시스템이 커다랗다는 건 대단히 많고 다양한 사람들이 쓴다는 뜻입니다.
특정 사용자에게 초점을 맞추고 작은 시장을 파고들어 가는 게 아니죠.
그러다 보니 SI의 시스템은 개발자 개인에게는 와 닿지 않습니다.
대부분의 SI는 많은 사용자가 업무를 위해 혹은 필요에 의한 시스템을 만들어내거든요.
그래서 재미가 없는 겁니다.
재미는 스스로 하고 싶어 하는 것인가에 결정되니까요.

스타트업이 리스크를 지고 있는데도 즐거워하는 이유는 자기가 만들고 싶은 제품을 자기 손으로 만들고 있어서일 수도 있습니다.
반면 스타트업이라고 해도 그냥 생계를 위해 개발하는 분들은 본인이 원하지도 않는 제품을 만드는데 특별히 즐거워야 할 이유가 없습니다.

SI에서 만드는 프로그램은 개인이 재미있어할 만한 거리가 그다지 없으므로 더 재미없게 느껴집니다.
재미있게도 자본주의에서는 더 **재미없는 걸** 하는 **사람에게 더 많은 급부를 제공** 합니다. 그래야 재미없는 일도 참고 하거든요.

5장. SI 사람 이야기

SI도 사람이 일하는 곳입니다. 보통의 직장생활과 크게 다를
바는 없습니다. 직장생활을 잘하기 위한 노하우처럼 SI에서
사람 관계에 대해 다룹니다.

5.1. 사수의 존재는 크게 기대하지 마세요.

SI 프로젝트는 사수가 없는 곳이 많습니다.
사수라고 함은 본인에게 업무를 지시하고 모르는 것을 가르쳐
주며 본인을 이끌어갈 수 있는 사람을 말합니다.
하지만 안타깝게도 SI 프로젝트는 "그런 거 없어 몰라 안돼"
이런 경우가 대부분입니다.
만약 본인이 정규직이고 팀 단위로 SI 프로젝트에 파견을 나
가는 경우라면 본인보다 직급이나 경험이 많은 사람이 같이
갈 확률도 있습니다. 행운이죠.

만약 정규직인데 혼자 파견을 나가야 하거나 프리랜서라면?
어디에도 개발적인 지식을 물어볼 곳이 없다는 것을 깨닫게
됩니다.

물론 프로젝트에는 PM도 있고, 현업도 있고, PL도 있고 다
있습니다.
그렇지만 이 사람들은 업무를 알려주거나 문서를 던져주는 정
도지, 요구사항이 들어오면 문제는 스스로 해결해야 합니다.

경험이 없는데 어떻게 일을 알아서 할까요?

- 정규직인데 신입을 혼자 파견 보내는 회사라면 일단 정
  상적인 회사는 아닐 가능성이 큽니다.
- 프리랜서인데 혼자 문제를 해결 못 한다면 정규직으로
  재입사하시는 것을 추천해 드립니다.
- 정규직은 하기 싫은데 혼자 문제를 해결 못 하신다면 업
  종 전환도 고려해 보시는 것이 좋습니다.

5.2. "라떼는 말이야" 라는 말을 달고다니는 분들 말을 잘 들으세요.

입만 열면 옛날이야기만 하는 분들이 있습니다.
라떼 이야기가 재미 없을 수도 있지만, 이분들과 가까이 지내세요. 파워가 셉니다.
파워가 센 이유는 기술과 업무 둘 중 하나 혹은 둘 다 가지고 있기 때문입니다.

기술은 오랜 경험에서 나온 실력입니다. 보통 개발자들의 롤모델이 됩니다.
업무는 현장에 특화된 지식입니다. 회사 안에서밖에 알 수 없는 것들을 꿰뚫고 계시는 분들입니다.
둘 다 안 가지고 있으시면 진작에 잘렸겠죠.

어쩌면 젊은 사람들 눈에는 이런 분들은 꼰대처럼 보일 수도 있습니다.
그렇지만 그 꼰대를 버티면서 그 사람이 가진 기술 혹은 업무를 뺏어와야 합니다. 우리가 못 가진 것을 그 사람들은 가지고 있습니다.

5.3. 일단 먼저 해 보고 질문하세요.

뭔가를 잘 모르면 먼저 해 보고 질문하는 것이 순서입니다.
우선 구글에 물어봅니다.
이것저것 시도해 봅니다.
될 때까지 계속 반복합니다.
그래도 안 되면 가서 질문하세요.

질문할 때는 "도와주세요" 라고 말하면 안 됩니다. 그럼 도대체 뭘 도와달라는 건지 알 수가 없습니다.
"지금 하고 싶은 문제는 ㅇㅇ 입니다. 이런저런 방식을 시도해 보았는데 안 됩니다. 방법을 알려주실 수 있으세요?"라고 말씀하시는 것이 훨씬 잘 받아들여집니다.
뭔가를 물어볼 때는 간단하게 줄여서 전달해야 합니다. 질문자와 다르게 질문을 받는 사람은 상황 파악이 완전히 안 되어 있을 가능성이 큽니다. 그래서 구구절절 길게 얘기해도 무슨 이야기인지 잘 모릅니다.

왜 먼저 안 가르쳐주느냐고 투덜거리지 마세요. 그렇게 말해도 달라지는 거 없습니다.
남들도 바쁩니다. 남들이 본인 가르쳐주려고 회사 오는 거 아닙니다.
자기 시간 할애해서 다른 사람들을 가르치는 건, 가르치는 거로 돈 버는 학원에서나 가능한 겁니다.

5.4. 아무때나 자기가 생각났다고 급하다고 치고 들어가지 마세요.

개발자들은 가끔 무아지경에 빠져서 뭔가를 만들고 있을 때가 있습니다.
그런데 갑자기 본인이 뭔가 안된다고, 아니면 무언가가 필요하다고 해서 일하고 있는 사람에게 갑자기 말을 거시는 분들이 있습니다.
그러지 마세요.

본인의 일은 해결돼서 좋겠지만 방해받은 사람은 다시 그 상태로 돌아가기까지 꽤 오랜 시간이 걸립니다.
이런 걸 전문 용어로 컨텍스트 스위칭이라고 합니다.
뭔가 요청할 게 필요하다면 먼저 말을 거는 대신 메일이나 메신저를 이용하세요.
메일이나 메신저가 안 되는 환경이라면 포스트잇이라도 써서 두세요.
이런 일이 몇 번 반복되면 꼭 필요한 걸 물어봐도 대답을 안 해주는 일이 생깁니다. 그럴 때 저 사람 까칠해 이상해, 라고 말하지 마시고 본인이 기존에 어떻게 행동했나부터 생각해 보세요.

5.5. 이기적인 건 정상이지만 티 내지는 마세요.

사람은 원래 이기적인 동물입니다. 이기적인 건 지극히 정상적인 거죠.

하지만 이기적인 것이 티가 나면 사람들은 싫어하게 됩니다. 피해를 받기 싫기 때문입니다.

사람이라는 것이 늘 합리적인 동물은 아니므로 싫어하는 감정 때문에 업무상 불이익을 받을 확률도 높아집니다.

본인이 뭔가 얻을 게 있을 때만 와서 말 걸고 친한척하고, 실제로 도움을 줘야 하는 일에는 냉정하다면 누가 좋아하겠어요?

5.6. 집단지성은 너 편하라고 있는 말이 아니에요.

한때 집단지성이라는 말이 유행했죠.
모두 힘을 모으면 더 똑똑해질 수 있어! 라는 모토입니다. 위키피디아가 대표적입니다.
그런데 지금은 위키피디아식 집단지성이라는 말은 시들해졌습니다. 사실상 실패한 모델이죠. 실패한 원인은 보상이 없기 때문입니다.

스택 오버플로우에 질문이 올라오면 사람들이 열성적으로 답변을 답니다. 답변을 다는 사람들이 시간이 남아돌아서 그러는 게 아닙니다. 스택오버플로우에는 누가 어떤 답변을 달았는지 확인할 수 있고 이 내용을 바탕으로 개발회사들이 개발자들에게 고용 제의를 합니다. 즉 참여가 보상이 되는 구조입니다.

이런 이야기를 굳이 하는 건 본인이 편할 때만 집단 지성을 찾는 분들이 있어서 그렇습니다.

뭔가 개발하다가 막히는 일이 있어서 질문하는 것과는 또 다릅니다. 본인의 업무를 누군가와 나누어서 하고 싶어하는 분들이 있습니다.
혼자서 개발해야 할 분량을 둘이서 하고 싶다고 말씀하시는 분이 계셨습니다.
내 것 다 하고 시간이 나면 때 도와주겠다고 했더니 본인의 할 분량을 떼서 이미 제 몫으로 할당해 둔 분도 계셨습니다.
저는 그런 식으로는 도와줄 생각이 없다고 말씀드리자 서로 돕는 게 더 빨리 끝나는 게 아니냐며 이런 게 집단지성이라고 말씀하셨지요.

그 이후로는 저는 다른 사람에게 도와주겠다는 말을 선뜻하기가 어려웠었습니다. 서로 돕는 것 좋지만 이런 경우는 서로 가 아니라 **일방적인** 것이니까요.

집단지성은 개인에게 돌아올 보상이 필요합니다. 제가 일을 떼서 가져온다고 해도 그만큼의 급여를 저에게 줄 게 아니시잖아요. 다른 사람에게 그런 식으로 기대고 자기가 편하자는 태도는 다른 사람에게 피해를 줍니다.

5.7. 혼자서는 아무것도 못하는 사람

보통 혼자서 아무것도 못 하는 사람들은 "서로 돕는 사회"라는 말을 많이 합니다.

그런데 잘 생각해 보면, 혼자서 뭘 못하는 사람들은 남의 도움을 받아야 살 수 있지만, 반면 도움을 주는 사람은 혼자서 뭘 못하는 사람 도움을 안 받아도 잘 살아갑니다.

Give and Take가 아니라, 일방적인 Give, Give, Give가 됩니다.

도움을 주는 사람은 Give만 연발하다가 Give Up 되는 거에요.

혼자서 뭘 못하는 사람은 사실 **남에게 도움받는 걸 당연하게 생각하는 사람** 입니다. 남에게 도움받는 걸 당연하게 생각하고 늘 그런 식으로 살아왔으니 혼자서 뭔가를 할 수 있는 힘이 갖추어지지 않은 거죠.

혼자서 뭔가를 못하는 사람들의 기묘한 단면 중 하나는 도움을 주는 것은 잘 안 한다는 점입니다. **받는 것에만 익숙해요.**

SI에서는 같은 일을 하기는 하지만 서로 남입니다. 뭔가 필요하면 서로 도울 수 있는 건 사람 사는 사회니까 당연합니다. 하지만 **일방적인 도움만 바라는 인간관계와 업무관계가 어떻게 지속될 수 있을까요?**

게다가 이런 분들은 편 가르기도 좋아하는 경향이 있습니다. 혼자서는 뭘 못하니까 나를 도와줄 내 편을 만들어두는 것이지요. 다양한 방법으로 편을 만들어냅니다. 성별, 나이, 지역, 학벌, 끌어들일 수 있는 것은 다 끌어들이죠.

이렇게 끌어들인 다음 편 가르기를 시작합니다. 편 가르기라는 것은 우리 편과 남의 편이 서로 적이라고 상정하기에 남을 홍보면서 유대를 단단히 하고 싶어 합니다.

한사람 때문에 파트 혹은 프로젝트의 전체 분위기가 완전히 깨지는 경우가 많습니다. 다 같이 열심히 만들어도 모자랄 판에 네 편 내 편 나누면서 하루를 다 보내거든요.

이런 경험을 여러 번 한 관리자들은 아예 인터뷰 때 채용하지 않거나, 성향을 잘 몰라서 뽑았다고 해도 빨리 내보내는 분들도 있습니다.

5.8. 회사는 학교가 아닙니다.

회사는 학교나 학원이 아닙니다.
아침에 제시간에 나와서 우두커니 앉아있으면 선생님이 들어
오셔서 뭔가를 혼자 말씀하신 후 쉬는 시간이 시작되는 곳이
아니죠.

학교나 학원은 여러분에게 뭔가를 가르쳐줍니다. 돈을 받고요
.
회사는 여러분에게 돈을 줍니다. 결과를 만들어내라는 뜻입니
다.

내가 초보라 신입이라 모르는데 왜 내게 알려주지 않아? 왜
나를 챙겨주지 않지?! 라는 말은 돈 내고 교육 듣는 곳에서나
하세요.
다른 분들도 바쁘고 설혹 안 바쁘다고 해도 저런 말 하는 사람
을 챙겨주는 것이 당연한 일은 아닙니다.

기술이든 업무든 혹은 삶의 태도든 뭐가 됐든 간에 아쉬운 쪽
이 고개를 숙이는 겁니다.
칭얼대지 마세요. 보기만 싫을 뿐 얻어지는 건 없습니다.

5.9. 업무 분담

본인이 못한다고 해서 다른 사람이 그 일을 대신 해 주지는 않습니다.

본인이 초보라고 분량이 적고 이런 거 없습니다.

똑같이 100페이지 만들어야 하는데 더 쉬운 페이지를 할당받을 수는 있겠죠.

거기까지입니다. 못한다고 손 놓고 있으면 누군가는 처리하겠지만, 본인은 계약 종료를 통보받습니다.

그렇다고 안 풀리는 문제를 혼자 다 잡고 끙끙댈 필요는 없습니다. 안 되면 안 된다고 말하면 됩니다. 하지만 100페이지 분량을 다 안 된다고 말하는 건 곤란합니다.

일정 끝자락에 기간 다 돼서 안된다고 말하지 마세요. 미리 말해야 대책이라도 세울 수 있습니다.

5.10. 관리자와의 의사소통은 중요해요.

관리자가 뭐라고 말하는데 내가 못 알아듣겠으면 둘 중 하나 입니다.
내가 말귀가 어둡거나 관리자가 전달 능력이 부족하거나. 혹은 둘 다입니다.

초급자의 경우 전자일 확률이 높습니다. 아직은 개발 지식은 부족하고 업무 이해도는 낮을 테니까요.

내가 못 알아듣는 것인지 관리자가 이상한 것인지 확인하고 싶으면 옆에 있는 **중급자 이상** 에게 물어보면 됩니다. 똑같은 초급자끼리 상의해봤자 듣는 귀가 비슷하므로 비슷한 결론 나올 확률이 높습니다. 더 많은 경험을 가지신 분들에게 넌지시 물어보세요.
중급자분도 관리자의 말을 못 알아듣겠다고 하면 좀 심각하게 고민해 봐야 합니다. 앞으로 계속 못 알아듣는 말을 업무지시로 들으면서 일을 해야 하는 거니까요.

관리자라고 해서 늘 관리 능력이 좋은 것은 아닙니다. 사실 이건 정말 사람 나름이거든요. 우리나라에서 관리자는 관리 능력이 있어서 되는 게 아니라 연륜이 많아지면 그냥 시키는 사례가 많아서 더욱 그렇습니다.
다행인 건 능력 있는 관리자분들이 많아서 무슨 말을 하는지 못 알아듣는 경우가 흔한 건 아니라는 점입니다. 다들 경험이 쌓여가고 점점 더 잘하게 되지요.

5.11. 거절에 익숙해지세요.

한국 사람들은 거절을 잘하지 못합니다.
그래서 뭔가 요청이나 부탁이 들어오면 일단 알겠다고 수락하는 경우가 많습니다.
하지만 요청을 수락하는 순간 일은 **수락한 사람의 몫**이 됩니다. 거절에 익숙해지셔야 합니다.

아무 요청에 시도 때도 없이 무조건 거절하라는 뜻이 아닙니다.
상황을 봐서 받아들일 수 있는 범위의 일이라면 거절하지 말고 해 주시는 것도 좋습니다.
그러면 도움을 받은 누군가는 다시 나에게 도움을 줄 수 있습니다.

Give and Take는 무조건 1:1로 돌아오지는 않습니다. 내가 누군가에게 도움을 주었다고 해서 그 사람이 반드시 다시 나를 도와준다는 보장은 없죠. 하지만 반대로 내가 누군가에게 도움을 받았다고 해서 언제나 그 사람을 도와줄 수 있는 것도 아닙니다.

너무 칼같이 잘라낼 필요는 없습니다. 그저 가능하면 도와주시되 무리하지는 말라는 뜻입니다.

할 수 있는 능력 밖의 일은 거절하는 게 맞습니다. 괜히 받아들이고 스트레스받는 것보다는 훨씬 낫습니다.

미움받는 게 무섭다고 생각할 수도 있습니다. 특히 사회성이 발달한 분들은 미움받는 것 자체에 굉장한 스트레스를 받으시는 경우도 봤습니다. 하지만 미움받는 것도 익숙해지면 그러려니 하게 됩니다.

그리고 필요할 때는 도와주는 사람이라는 이미지가 다른 사람들에게 각인되면 오히려 본인의 평판에 더 도움이 됩니다.

오히려 아무 요청이나 무조건 받아들이면 그냥 호구가 됩니다.

5.12. 피해의식은 버려요

SI에서 일하면 자신도 모르게 피해의식이 생깁니다.
갑, 을, 병, 정,무로 내려가는 하청 구조 때문입니다.
갑사가 지시하고 하청 업체들이 업무를 처리하니 직위 구조에
따른 윗사람 아랫사람이 아니라 소속 회사 자체만으로 보이지
않는 벽이 생겨버리죠.

적당한 인식은 서로의 관계에 도움을 줄 수도 있습니다. 역할
을 분명히 하거든요.
그런데 피해의식이 심해지면 삐뚤어진 사고방식이 생기게 됩
니다.

- 갑은 무조건 일을 시키는 사람, 나쁜 사람. 말도 안 되는
  트집을 잡는 사람. 계속 요구사항을 바꾸는 사람.
- 을 이하는 무조건 안 된다고 하는 사람. 반항하는 사람.
  일이 많은데 열심히 안 하는 사람. 요구도 안 들어주면
  서 불만만 털어놓는 사람.

서로 대립각을 세운다고 얻어지는 건 별로 없습니다. 서로 날
을 세우면 다치기만 할 뿐입니다.

서로의 **관계**는 **명확**하게 **인식**할 **필요**가 있습니다. 대신 관계
에 대해서 **피해 의식**을 **가지실 필요**는 **없습니다.**
여기 나가면 너와 나는 남이고 동등한 관계다…. 라는 마음으
로 버티면 언젠가는 프로젝트가 끝납니다.

5.13. 남자라서요, 여자라서요.

가끔 업무나 처우에 대해서 성별을 내세우시는 분들을 봅니다
.

- 저는 남자니까 그런 꼼꼼한 일은 할 수 없습니다. 문서 작성은 여성분에게 시키시죠.
- 저는 여자니까 힘든 일은 할 수 없어요. 야간 업무는 남성분들이 하세요.

SI는 굉장히 평등합니다. 딱히 남자라고 이익을 주는 것도 없고 여자라고 불이익 받는 것도 없습니다. 애당초 성별에 따른 구분이 필요한 일이 아니니까요.

성별을 내세우는 사람들을 보면 한가지 공통점이 있습니다. 본인에게 유리한 점은 성별을 내세우고, 불리할 것 같으면 "그건 그 (남|여) 자가 이상한 거지. 저는 그렇지 않아요."라고 말한다는 점이죠.

SI도 분명히 여타 사회생활과 동일하게 사람마다 할 일이 다르고, 직위도 직급도 있으며 역할도 분리되어 있습니다. 거기에 성별은 들어갈 자리가 없습니다.

그저 성별을 내세워서 본인의 이익을 취하고 싶으신 거라면 아마 사회생활을 지속하기 어렵지 않을까요?

5.14. 투덜대면 더 챙겨줘요.

사소한 거 하나하나 왜 본인을 챙겨주지 않느냐고 말하는 사람들이 가끔 있습니다.

하다못해 밥을 먹으러 갈 때도 자기를 챙겨달라고 하고 회의할 때도 자기 분량 줄여달라고 투덜대고 다른 사람이랑 얘기하고 있으면 자기 빼고 얘기한다고 불만 느끼고 ... 세상 매사가 다 본인을 챙겨줘야 한다고 투덜투덜 대죠.

사람은 어떤 면에서는 다 비슷합니다. 불평불만을 끊임없이 얘기하면 귀찮고 듣기 싫어서 더 신경을 씁니다.

그 순간은 편하고 좋을 겁니다. 일 적게 하고 챙김 받으니까요.

하지만 다음 프로젝트에 당신의 자리는 없습니다. 어쩌면 현재 프로젝트에서 빠른 계약 종료를 경험할 수도 있고요. 다른 파트로 강제 이동되는 일도 있습니다.

다른 프로젝트에 찾아가면 되지 않으냐고 말할 수도 있습니다. 하지만 이런 게 몇 번 반복되면 업계에서 소문나요. 반복되면 강제로 다른 직종을 찾아야 할 지도 모릅니다.

5.15. 태도는 절반만 적극적으로 하세요.

업무지시가 내려왔을 때 사람들은 대부분 수동적으로 받아들
입니다.
그러지 마세요. 일만 많아집니다.

수동적인 태도 말고 절반만 적극적으로 나오세요.
무언가를 지시받을 때 수동적으로 받아들이게 되면 모든 일은
다 내 몫이 됩니다.
그렇다고 싫다고 거부할 수 있는 것도 아닙니다.

차라리 무언가 요청이 들어오면 더 좋은 방향, 오히려 시간이
적게 걸리지만 비슷한 결과를 도출할 수 있는 어떤 방법을 제
안하는 것이 훨씬 낫습니다.

5.16. SI에서의 회식

SI는 회식 거의 없습니다.
한다고 해도 킥오프라고 부르는 프로젝트 시작 때 정도지 그 외에는 정기적인 회식 같은 건 잘 없습니다. 사실 바빠서 회식 할 시간도 없습니다.
만약 회식한다고 해도 술을 많이 마시거나 밤새 집에 안 가고 노는 일 잘 없습니다.

대부분 사람은 1차에서 맥주 한 잔, 혹은 콜라 한 잔 마시고 이야기하다가 집에 갑니다.

2차부터는 연령대가 좀 있는 분들이 주로 남아계십니다. 보통 과~부장님 급이죠.
술을 좋아하시거나 더 마시고 싶으면 남아있으면 됩니다. 남은 사람들 모두 기뻐하십니다. 반면 일찍 집에 간다고 싫어하 거나 그런 일도 없습니다.

요새는 담배 피우시는 분도 별로 없습니다. 아주 깔끔해요.

옛날식 장기자랑 같은 거는 전혀 없습니다. 요즘 같은 시대에 장기자랑 같은거 하지도 않지만, 만약 억지로 시킨다면 다음 날 기분 나쁘다고 퇴사해버리거든요.

5.17. 좋은 대우를 바라면 무기를 가지세요

.

사람은 누구나 대우받고 싶어 합니다.
그런데 대우받고 싶으면 잘해야 해요.
아무도 자기를 못 건들 정도의 무기를 가져야 합니다.

- SI의 최대 무기는 **빠른 개발 속도와 업무 파악 능력** 입니다. SI뿐만 아니라 어디든 저 두 가지는 무기로 삼을 수 있습니다.
- **친근감**을 무기로 삼는 사람도 있을 수 있습니다. 상대에 따라 안 먹힐 수 있다는 단점은 있습니다.
- **성실함**일수도 있어요. 성실한 사람을 싫어하는 사람은 없습니다.
- 어려운 문제를 잘 풀어내는 **실무능력**자도 있습니다. 이런 분은 아무도 못 건듭니다.

그런데 어떤 무기도 안 가지고 있으면서 그저 대우만 바란다고 사람들이 갑자기 귀빈처럼 대접해 주는 일은 절대 없습니다.
SI뿐만 아니라 세상 그 어디에도 없어요. **무기를 가지세요.**

5.18. 비즈니스 관계

업무상 만나는 사람들은 기본적으로 비즈니스 관계입니다.
서로서로 필요 때문에 하나의 프로젝트에서 만나는 거죠.
안녕 하고 나가면 남이란 뜻입니다. 다시 볼 수도 있고 안 볼
수도 있는 사이입니다.

내가 조금 더 직급이 높다고, 나이가 많다고 갑질하고 명령 내
리는 거 좋아하는 사람들 어디를 가도 꼭 있습니다.
그럴 때는 냉정하게 끊어주세요. 전쟁터에서 서로에게 몸을
맞기는 사이 아니잖아요. 서로의 이익을 위해 노동력을 투입
하러 온 거니까요.
평생지기 죽마고우를 만드는 것도 좋습니다만, 그것도 사람
봐 가면서 해야 합니다.

5.19. 눈치는 빨라야 해요.

어느 사회생활이든 똑같지만, 눈치는 빨라야 합니다.

높으신 분이 기분이 어떠신가 살피면서 일을 하라는 뜻이 아
닙니다.
남들이 대충 말해도 어떻게든 알아들을 수 있어야 하고, 상황
을 봐서 행동할 줄도 알아야 합니다.

눈치는 어느 정도는 타고나고, 어느 정도는 훈련됩니다.
아직 업무에 익숙하지 않은 분들이 귀에 이어폰 꽂고 주변 일
에 무신경하게 앉아 있다가는 본인에게 불이익이 돌아올 수도
있다는 점을 꼭 알아두세요.

5.20. 야근을 할 경우 급여를 깎는다고요?

급여는 우리가 정상적인 시간을 일했을 때, 즉 주 40시간 근무를 가정하고 받는 금액입니다.
포괄임금제여서 야근에 대한 급여가 별도로 지급되지 않는다고 해도 야근을 당연히 하면서 돈을 더 안 줘도 된다는 뜻은 아닙니다.

야근하지 않으면 급여를 깎아도 되냐는 이야기가 나오는 곳이라면 야근을 당연시하는 회사라는 뜻인 거잖아요.
이런 터무니없는 회사는 없어지는 게 낫다고 생각합니다.

업무상 야근을 할 수도 있고 하지 않을 수도 있지만, 오버타임으로 일하는 것이 당연한 것은 절대 아닙니다.

5.21. 지각하지 말아요.

SI에서는 근태를 심각하게 점검하지는 않습니다.
일반 기업이야 근태를 검사해서 인사평가에 반영하기도 하지만 SI 프로젝트 투입 인원에게 인사 평가는 아무런 의미도 없으니까요.
그렇다고 해서 지각을 일상화하면 안 됩니다.

사실 지각은 습관에 가깝습니다.
지각하는 사람은 기저에 지각해도 괜찮잖아…. 라는 마음이 깔린 경우가 대부분입니다.
사람이 살다 보면 늦을 수도 있습니다. 늦잠을 잘 수도 있고, 너무 피곤할 수도 있고, 지하철이 펑크가 날 수도 있지요.
그런 간헐적 지각을 말하는 게 아닙니다. 습관성으로 늦게 오시는 분들이 있어요.

야근했으니까 다음 날 지각해도 괜찮지 않을까? 라고 마음먹으신다면 큰 오산입니다. 요새는 야근하면 본인이 무능해서 야근한 것 이라고 사람들이 생각합니다. 네가 무능해서 야근해 놓고 아침에 지각까지 해? 가 되는 거에요.

사실 10분 늦게 출근한다고 큰 이익 얻는 거 없고 10분 일찍 온다고 해서 엄청난 손해 나지 않습니다.

대한민국 사회는 아직은 능력보다는 성실성을 근로 기준으로 삼는 경우가 많으므로 지각을 더 조심해야 합니다. 일 잘해 놓고 지각해서 그 포인트를 다 깎으면 억울하지 않나요?

5.22. 남 탓 문화

SI 프로젝트는 남 탓 문화가 있는 곳도 있습니다.
SI 프로젝트에서는 총괄 PM이라고 하더라도 프로젝트를 마음대로 바꿀 힘은 없습니다. 어차피 총괄 PM도 발주사의 요청을 받고 개발하는 거라서요.

모두 다 스스로 뭔가 결정을 할 수 없는 수동적인 상황 SI에서는 일상입니다. 누군가가 총대를 메고 결정을 하면 모든 비난이 쏟아지기 때문에 아무도 총대를 메고 싶지 않아 하죠.
그래서 SI에 오래 있으면 "아무것도 시키지 않으면 아무것도 하지 않겠다". "뭘 시켜도 가능한 최소한의 것만 하겠다"는 습관이 몸에 배는 경우가 다반사입니다.

비단 SI의 문제는 아닙니다. 어디서든 위계질서가 있고 위계질서에 따라 모든 것이 결정되는 사업장이라면 스타트업이든 솔루션 회사든 전산실이든 똑같습니다.
이런 분위기는 한 사람의 노력으로 바꿀 수 있는 것이 아니므로 이런 게 싫다면 프로젝트를 떠나셔야 합니다.

5.23. 나쁜 습관 전파자

조직은 어디나 그렇겠지만 나쁜 습관 전파자가 있는 때도 있습니다.

선배라고 신입사원들 데리고 다니면서 커피 심부름시키고 담배 심부름시키고 하는 예도 있습니다. 2020년에 믿어지지 않는 광경이죠.

무조건 자기 방식이 옳다고 주장하는 이상한 사람도 있습니다.

심지어는 남성우월주의자, 여성우월주의자도 있습니다. 성별은 본인이 원해서 결정된 것이 아닌데도요.

나쁜 습관 전파자는 선동에도 능해서 다른 사람을 곤란하게 하는 경우도 많습니다.

나쁜 습관 전파자는 피해 다녀야 합니다. 그 사람은 자신이 옳다고 믿고 행동하는 것이지만 다른 사람들에게 세균처럼 나쁜 습관을 옮겨요. 자신도 모르게 나쁜 습관이 옮으면 다시 다른 사람에게 나도 모르게 나도 나쁜 습관 전파자가 될 수도 있습니다.

5.24. 업무 특화자

어느 프로젝트에 가든 업무에 특화된 분들이 있습니다.
이분들의 특징은 **업무는 잘하는데 개발은 못합니다.** 아주 오래된 기술을 사용합니다.

중요한 모듈을 몰래 어딘가에 숨겨두기도 합니다. jar로 묶어두는 일도 있고 프로시저 안에 살짝 넣어두는 일도 있습니다. 본인들의 경쟁력이 업무에 있다는 것을 잘 알고 있으므로 배앗기기 싫은 겁니다.

여기까지는 그런가 보다 하는데, 업무에 특화된 분들은 까칠한 경향이 있습니다.
무언가를 물어봐도 잘 알려주지 않습니다. 그냥 차라리 본인이 한다고 하는 경우도 많고요. 무언가를 다른 사람에게 알려주면 밥그릇이 뺏길 걸 걱정하시는 거죠.

그냥 그런가 보다 하세요. 그 업무가 정말 탐이 나는 게 아니라면 까칠하게 구는 사람 때문에 스트레스받지 마세요. 스트레스받는 사람이 손해예요.

이런 분들께는 직접 물어보지 말고 그 윗사람에게 보고해서 정리해 달라고 하는 것이 가장 좋은 방법입니다. 업무를 해야하는 데 ㅇㅇ 님이 안 알려주셔서 못한다고 하면 윗선에서 직접 업무 특화자 분께 수정을 요청하든 방법을 알려달라고 하든 할 거예요.

5.25. 멘토는 당신의 주 교육자가 아니에요
.

프로젝트에서 운이 좋다면 멘토로 삼을만한 사람을 찾을 수도 있습니다.
그렇다고 멘토에게 무언가를 가르쳐달라고 너무 귀찮게 하지는 마세요.

여기는 학원이 아니에요. 멘토가 뭔가를 가르쳐 주는 건 고마운 일이지, 당연한 일이 아닙니다.
당신의 주 교육자는 당신 스스로가 되어야 합니다. 멘토가 아닙니다. 멘토가 하는 행동을 보고 내가 어떻게 해야 할지 결정하는 건 자기 자신입니다.

멘토에게 배울 것은 코드를 작성하는 방법, 사람을 대하는 태도, 문제를 바라보는 능력을 어깨너머로 훔쳐보는 것입니다.

좋은 습관이 좋은 사람을 만들고 좋은 개발자를 만들어 냅니다.
좋은 습관을 보고 스스로 주 교육자가 되세요.

5.26. 막무가내식 일시키기가 비일비재하다고요?

개발자가 안 된다고 말하는데도 윗선에서 강제로 일을 시킨다는 소문도 흉흉합니다. 언제 이야기인지도 모르겠습니다.

SI를 하는 다른 사람들도 개발자들인 경우가 많습니다.
직업 때문이라도 논리적으로 생각하는 것이 훈련된 사람들이죠.

SI에서의 업무는 **통상 할 수 있는 것보다 조금 더 많이** 입니다. 열심히 하거나 조금만 늦게까지 일하면 처리할 수 있는 수준만큼만 할당합니다.
터무니없는 분량을 가지고 와서 막무가내로 내일까지 해놔 이런 말 하면 요즘 사람들 다음날부터 나오지 않아요. 절대 저렇게 하지 않습니다.

옛날 생각에 젖은 관리자가 막무가내로 일을 많이 시키면 가정 있고 프로젝트에서 나가면 갈 곳 없는 **가련한 중년**들만 남아있습니다. 젊은 사람들 다들 퇴사해 버립니다.
요새는 다들 막무가내식 업무 시키기가 안된다는 것을 깨닫고 있어서 절대로 무조건 일을 시키거나 하지 않습니다.

6장. SI 일자리 고르기

SI 업체의 정직원일 경우 대부분 그냥 회사가 가라는 곳에 가서 업무를 수행합니다. 반면 프리랜서들은 직접 프로젝트를 찾아서 합류하죠. 정규직이라고 해도 어느 정도 경력이 쌓이면 작은 신청권이나 거부권이 생기기도 합니다. 그때 일자리를 구분하는 방법을 알아봅니다.

6.1. SI의 3대장

SI의 3대장은 사람들이 꺼리기로 유명한 곳들입니다.
직접 업체 이름을 언급하기는 어렵지만, 구글에 조금만 확인
해 보시면 나옵니다.

기피하는 이유는 여러 가지가 있겠지만, 아무래도 강도 높은
노동이 가장 주된 이유가 아닐까 싶습니다.
갑질이 심하다고도 소문으로는 들었으나 실제로 겪어보지는
못했으니 확언은 못 하겠습니다.

저는 사실 SI의 3대장은 가 본 적이 없습니다. 제안이 왔을 때
다 거절했거든요.

보통 ㅇㅇ 프로젝트는 안해요…. 라고 대답하면 똑같은 대답
이 들어옵니다. "요새는 그래도 예전보다는 나아졌어요.". 나
아졌다는 말은 **아직도 나쁜 관행이 존재** 한다는 말을 잘 포장
한 것입니다.

사람들이 기피하는 곳은 다 이유가 있습니다. 인생의 버라이
어티함을 느끼고 싶다면 가보셔도 좋지만, 같은 돈 받고 더 고
생할 필요는 없을 것 같습니다.

6.1. 짧은 프로젝트는 헬일 가능성이 높습니다.

SI 프로젝트는 원래 기간이 길지는 않습니다.
차세대 프로젝트라고 해서 기존 시스템을 다 갈아엎고 다시 처음부터 만든다는 원대한 계획을 가진 프로젝트들이 있습니다. 이런 것만 기간이 1년 이상인 프로젝트입니다.
그렇지 않다면 보통 6개월. 3개월. 짧으면 1개월 정도입니다.
아주 길어봤자 8개월 정도이고 10개월이 넘어가면 시스템의 규모가 엄청나게 큰 겁니다.

SI의 기간이 이런 식으로 산정되어 있는 이유는 발주하는 업체도 돈이 있어야 SI 프로젝트를 진행할 수 있고, 이 예산은 국가 혹은 회사가 책정해 주는 것이기 때문입니다. 예산은 신용카드와는 달라서 쓰고 싶다고 아무 때나 받아올 수 있는 게 아니라 정기적인 일정에 따라 예산을 집행합니다.

프로젝트의 기간과 업무의 난이도가 늘 비례하는 관계는 아닙니다. 케이스 바이 케이스죠.
하지만 확률상 짧을수록 헬게이트일 가능성이 큽니다.
SI에서는 **기간이 짧다는 것이 기능이 적다는 뜻이 아닙니다.**
그냥 **발주자가 돈을 많이 못 쓴다** 라는 뜻입니다.

기간의 길고 짧음에 무관하게 발주하는 회사는 최대한 기능을 뽑아내고 싶어 합니다. 당연합니다.
놀라운 건 3개월짜리 프로젝트와 6개월짜리 프로젝트가 요구하는 기능 사항 목록의 길이는 비슷하다는 점입니다.
뽑아내고 싶어하는 기능의 길이가 비슷하다면 기간 안에 일정을 못 맞출 확률은 기간에 반비례해서 높아집니다.

예를 들어 100개의 기능 목록이 있는데 5 개월 동안 처리하려면 단순 계산상으로 한 달에 20개씩 처리하면 됩니다. 하지만 1개월 이내에 처리하려면 한 달에 100개를 처리해야 합니다. 발주자도 100개를 다 못 맞춘다는 거 사실은 알고 있습니다. 그래도 100개를 요청했는데 20개만 완성한다는 것은 용납할 수 없기에 최소한 절반인 50개는 넘겨서 완성해야 한다고 압박합니다. 6개월짜리 프로젝트에서 한 달에 20개의 요구사항 목록을 처리해야 하는데 1개월짜리 프로젝트에서 한 달에 50개의 요구사항을 처리해야 한다는 모양이 됩니다.

6.2. 프로젝트 막판의 개발자 구하기

원래는 6개월짜리 프로젝트였는데 프로젝트 종료를 2개월 남기고 개발자를 구하는 경우는 어떤 경우일까요?
왜 기존 개발자가 4개월 동안 일하다가 2개월을 마저 안 채우고 그만두었는지 지난 4개월 동안 어떤 경험을 했을 지 우리 곰곰이 생각해 보아요.

망한 프로젝트를 살리러 들어가는 개발자를 소방수라고 부르기도 합니다.
진짜 소방관분들을 보면 아시겠지만, 사람을 살리고 불을 끄는 과정에서 정작 본인은 까맣게 그슬리고 때로는 부상을 당하기도 하시죠.

돈이 급해서 평소 단가보다 훨씬 높게 받아서 들어가신다면 그건 선택이지만, 굳이 비슷한 단가에 이런 프로젝트를 찾아 들어가는 건 위험은 높아지고 보상은 낮아지는 것이기에 재고를 생각해 보시는 것이 좋습니다.

6.3. 깨끗한 환경을 찾아서

누구나 깨끗한 환경에서 일하는 것을 바랍니다.
꿈이라고 할 것도 없습니다. 햇빛 들어오고 여유가 있는 자리
에서 일하는 건 사실 정상인 거잖아요.

그렇지만 안타깝게도 누구나 그런 환경에서 일할 수 있는 건
아닙니다.
이런 곳에서는 바퀴벌레도 못 살겠는데 싶은 환경일 때도 있
습니다. 바닥에서 꼽등이가 나올 것만 같죠.

프로젝트 발주처 혹은 사무실에서 일하면 상대적으로 깔끔한
환경에서 일할 수 있습니다.
물론 사무실이라고 해서 갑사와 같은 사무실을 쓰게 해 주는
경우는 드물지만, 최소한 인간이 있을 수는 있겠구나 싶은 환
경입니다.

조금 나쁜 경우는 프로젝트룸 이라고 해서 사방이 막힌 회의
실을 주는 경우가 있습니다. 최소한의 환경은 나쁘지 않지만
바람 안 통하고 햇빛이 들지 않아서 비타민 D 부족으로 우울
증에 걸릴 확률이 높습니다.

최악인 경우는 어디서 허름한 창고 같은 걸 빌려서 판자 같은
거 가져다 놓고 개발하라고 하는 경우가 있습니다.

이런 프로젝트를 구분하는 방법은 간단합니다.
인터뷰하러 갈 때 확인하는 거죠. 실제 일하는 환경을 보여달
라고 요청하면 됩니다.

인터뷰하는 곳과 실제로 일하는 곳이 다른 경우에는 그냥 프
로젝트를 하지 않겠다고 거절합니다. 이런 곳은 일하는 환경

이 도저히 못 보여줄 정도로 엉망이라는 뜻입니다.

인터뷰를 같은 건물에서 하기는 하지만 보안상의 이유로 실제로 일하는 곳을 안 보여주는 때도 있습니다. 이럴 때는 보통 일하는 곳 인근의 커피숍 등에서 인터뷰를 진행하거나 로비 등 위치에서 진행합니다.
그럴 때는 환경은 어떤지 물어봅니다. 보안상의 이유로 내부에 출입을 금지하는 곳이라면 반반 확률입니다. 운이 좋으면 깔끔하게 정리되어 있을 것이고, 운이 없으면 남는 창고 같은 공간에 넣어두니까요. 이런 경우에는 환경이 어떤지 물어봤을 때 얼버무리면 거절, 잘 설명해주면 다른 항목들에 의해서 결정하면 됩니다.

면접관의 용모도 중요합니다. 외모가 중요한 것은 아니지만, 면접관이 삼일 정도 집에 못 들어간 퀭한 얼굴로 나타난다거나, 수염을 못 깎은 티가 난다거나, 안 씻어서 나는 냄새가 난다면 환경이 사람을 만든 거라고 보시면 크게 틀리지 않습니다.

환경을 잘 보는 팁을 말씀드리면, 약 10분쯤 먼저 가서 둘러보시고 화장실을 점검하세요. 건물이 오래되어서 화장실이 지저분하다거나 혹은 건물 크기에 비해 화장실이 작다면 추천하지 않습니다. 매일 미어터지는 화장실은 프로젝트룸에서도 일어날 확률이 높습니다.

6.4. 계약서를 잘 확인해야 합니다.

처음 개발자의 길에 들어서는 사람들을 등쳐먹는 나쁜 회사들이 있습니다.

정규직 근로계약서인 줄 알았는데 계약직 근로계약서일 때가 있습니다.
왜 계약직이냐고 물어보면 사규에 의해서라고 하거나, 은근슬쩍 수습 기간 혹은 인턴 기간을 말하는 것이라고 둘러댈 수도 있습니다.
만약 사규 혹은 수습 기간을 명시한 기간제 계약서라면 기간제 계약서 안에 기간제 계약이 종료된 후의 처우에 대해 명시되어 있습니다.
예를 들어 인턴이 3개월이면 **3개월 후 특별한 사정이 없으면 회사와 근로자 간의 근로계약을 갱신한다. 특별한 사정이란 ... 등**의 문구가 보통 들어가 있습니다. 회사의 근로계약서는 굉장히 민감한 부분이기 때문에 일반 회사는 근로계약서의 양식을 선택하고 법적으로 문제가 없는지 검증을 해 둡니다.
이런 단어가 계약서에 명시되어 있지 않은 채 구두로 "별일 없으면 3개월 후 계약을 갱신하자" 라고 말을 하는 곳은 **3개월 후에 퇴사할 만한 특별한 일을 만들어줄게** 라고 받아들여도 큰 무리가 없습니다. 당장 3개월짜리 프로젝트에 들어갈 인력이 필요한 거고 그 이후에는 버릴 카드라는 뜻입니다.

프리랜서라면 SI에 투입될 때 **턴키 계약서** 대신 **용역 계약서**를 써야 합니다.
턴키 계약서는 모든 결과물에 대해 개발자가 책임진다는 뜻입니다. 결과물의 **품질**에 대해 책임지죠. 문제는 결과물의 품질이라는 것이 제품을 공급받는 자, 즉 **갑의 마음에 드는 제품**이 되기 때문에 갑의 마음에 들 때까지 계속 책임이 있습니다.

용역 계약서는 계약된 시간만큼의 근로를 제공하고 급여를 받는다는 뜻입니다. 일반적인 계약직 근로계약입니다.

은근슬쩍 계약서 끝에 3개월 무상 A/S를 한다…. 이런 항목이 있는 계약서가 있습니다. 이게 뭐냐고 물어보면 그냥 관용적인 거라고 하는 영업하시는 분들이 말합니다.
사실 정말 3개월 무상 A/S를 시키는 경우는 별로 없으므로 관용적이라는 내용도 맞기는 합니다.
하지만 운이 없어서 나쁜 업체에 걸리거나 결과물이 좋지 않다면 무상으로 3개월 동안 정말 일을 하거나 최악의 경우에는 손해배상 소송까지 갈 수도 있으니 무상 A/S 같은 이야기는 빼는 게 낫습니다.

야근 조항이 있는 계약서는 거의 본 기억은 없지만, 그래도 이런 게 있다면 빼는 게 맞습니다.
야근하더라도 계약에 의한 야근은 억울합니다. 야근할 일이 없어도 계약에 의해 야근을 하라고 계약서에 명시된 것이기 때문입니다.

노동법상 어차피 노동자에게 불리한 계약은 무효입니다. 이건 고용노동부 노동청에서 처리해 줍니다. 그렇지만 나쁜 일은 미리 방지하는 게 낫지, 나중에 일어났을 때 대비책을 세우는 건 정신적으로 시간상으로 너무 피곤합니다.

6.5. 학벌 필터 골라내기

SI는 일단 들어오는 순간 학벌은 아무런 의미가 없어집니다. 서울대든, 카이스트든, 지방대든, 심지어는 중졸이어도 아무도 상관 안 합니다.

오로지 일한 지 몇 년이 됐는가…. 를 기준으로 삼기 때문에 30대에 시작한 늦깎이 개발자이든 20살부터 시작해서 30대에 이미 차/부장을 달고 있는 사람이든 나이 무관, 학벌 무관입니다.

만약 학벌, 학위 등으로 월급 혹은 단가를 깎아내리는 업체가 있다면 걸러내세요. 그냥 개발자에게 주는 단가를 깎아서 자신들이 더 많은 몫을 챙기기 위한 꼼수입니다.

원청(갑사) 는 학벌 전혀 신경 안 씁니다. 일만 잘하면 되고, 어차피 내 직원도 아닌걸요.

6.6. 보도방에 관하여

SI에서만 쓰이는 말로 보도방이라는 말을 종종 듣게 됩니다. 공사 현장에 사람을 파견할 때 인력을 모집하고 건설 현장에 보내주고 중간에 수수료를 받는 곳을 인력사무소라고 합니다. 보도방이란 "개발 관련 직군 인력 중개 사무소" 같은 겁니다.

보도방은 실제로 프로젝트에는 아무 관여도 하지 않습니다. 그냥 인력을 넣어주고 끝입니다.

보도방에 개발자를 보내달라고 요청한 업체는 돈을 보도방에 지급합니다. 보도방은 수수료를 떼고 개발자들에게 돈을 지급합니다.

보도방을 나쁘게만 바라볼 건 없습니다. 보도방은 업체들이 개발자를 직접 구하는 수고를 줄여주고 만약 개발자에게 문제가 생겼을 경우 개발자를 교체할 책임도 있습니다.
게다가 직접고용을 할 때 노동법에 따라서 2년 이상 비정규직을 고용하면 정규직으로 전환해야 하므로 그 위험도 피하는 역할을 하게 됩니다.

이런 보도방이 욕을 먹는 이유는 크게 두 가지입니다. 하청에 재하청. 그리고 영세함으로 인한 급여 지급 불확실성입니다.

하청의 하청은 보도방끼리도 하청을 합니다.
A 업체의 프로젝트를 할 수주사 B가 보도방 C에 인력공급을 요청하면 C는 자기가 직접 구하기도 하지만 또 다른 보도방 D에게 인력공급을 요청하는 때도 있습니다.
D는 또다시 E에게 요청하죠.
몇 단계를 거칠 때마다 정작 개발자가 받는 단가는 줄어듭니다. 보도방마다 수수료를 떼어가거든요.

만약 E사의 소개로 어떤 프로젝트에 투입될 경우 소속은 B사가 되고 A사의 프로젝트를 하고 돈은 A, B, C, D,E를 거쳐서 개발자에게 들어오는 형태가 됩니다.

급여 지급 불확실성은 보통 영세한 보도방일수록 심합니다. 어떤 경우에는 1인 사업자인 경우도 있습니다. 인력 공급 요청이 들어오면 온종일 잡포털 뒤지면서 여기저기 전화해서 인터뷰 요청하고, 연결하는 게 일입니다.
자본금도 필요 없고 위험도 없는 직종이라 상위 업체가 돈을 줘야 개발자한테 돈을 줄 수 있게 됩니다. 상위 업체가 돈을 안 준다고 자기 돈을 먼저 주고 상위 업체한테 돈을 달라고 하는 경우는 절대 없습니다.

실제로 SI에서 일해 보면 보도방을 안 끼고는 일을 할 수가 없다는 것을 알게 됩니다.
이유는 단순합니다. A, B사는 직원을 채용하면 계속 유지하는 비용이 들어가기 때문에 꺼리게 됩니다. C, D, E의 보도방을 끼면 이런 일이 없죠.

단순하게 재하청 금지를 하면 되는 것 아니냐는 시선은 위험합니다. 재하청을 금지하면 A와 B의 담합, B와 C의 유착이 생겨서 최종적으로 개발자들은 C사에 종속되어버리는 결과를 초래하기 때문입니다. 즉 보도방 사이에서도 규모에 따라 독과점이 발생되어 버리기 때문에 단순하게 접근할 수 있는 문제는 아닙니다.

SI를 넘어서 IT 업계의 필요악이 보도방입니다.

6.7. 어떻게 프로젝트가 계속 있나요?

프로젝트가 계속 있는 이유는 사람들이 이미 있는 시스템에서 불편을 느끼기 때문입니다.

불편을 해소하기 위해 새로운 시스템을 만들고 새로운 시스템을 만들어놓고 나니 다른 불편함이 생겨서 또 만들고…. 를 반복하는 겁니다.

기술이 낡은 경우도 있습니다. 옛날 기술로 만들어진 시스템은 필연적으로 현대 사회에 필요한 모든 기능을 제공하지 못하는 경우가 많습니다. 그래서 새로운 기술로 다시 만들어냅니다.

6.8. 국가적 이슈가 있으면 발주가 줄어듭니다.

이 글을 쓰는 현재 전 세계는 코로나 19 팬데믹입니다. 이럴 때는 발주가 보통 멈춥니다.

공공기관은 세금으로 유지되는데 세금을 쓸 곳이 많아지면 상대적으로 예산이 적게 배정됩니다. 그래서 프로젝트를 할 돈이 없어요.

사기업도 마찬가지입니다. 사기업은 돈을 벌어야 생존할 수 있는데 국가적 이슈가 있으면 마케팅 등을 통해서 돈을 벌어들일 기회를 자제할 수밖에 없어요.

프로젝트가 별로 없을 때도 발주가 나는 건 정말 필요한 일이거나 혹은 이미 예산 집행이 되어서 쓸 돈이 있는 경우입니다.

일이 없다는 건 수요와 공급에 의해 **수요보다 공급이 많아진다는 뜻이고, 수요자가 더 좋은 공급자를 골라갈 수 있다는 말**로 귀결됩니다.

프로젝트가 줄어들면 사람들은 모르는 사람보다 같이 일했던 사람들을 중심으로 프로젝트를 구성합니다. 일이 많을 때는 많은 사람이 필요했지만, 이제는 그렇지 않으므로 손발을 맞춰본 사람과 일하는 거에요.

6.9. 숙박

지방에 있는 프로젝트에는 숙박하는 경우가 있습니다.
발주처가 서울 경기권을 벗어나면 개발자들을 모으기가 쉽지 않아서입니다.

개발자들도 서울 경기 인근에 프로젝트 대부분이 있다는 것을 알기 때문에 대부분 서울 경기권 어딘가에 거주하시는 경우가 많습니다.
그래서 서울 경기권을 벗어난 프로젝트는 **체류비** 라는 것을 별도로 지급하게 됩니다.
집에서 출퇴근할 수는 없으니 잠잘 수 있는 비용을 따로 챙겨 주는 겁니다.

지방 체류 프로젝트에는 아주 큰 단점이 있습니다.
퇴근하려고 하면 "어차피 퇴근해도 할 거 없잖아. 일해" 가 일상이 되는 겁니다. **일상과 업무의 일체화죠.**
숙소는 근무지 근처에 있을 확률이 높고, 그럼 아무 때나 불러서 일을 시킬 수 있다는 뜻이 되거든요.

게다가 체류비를 주지 않고 직접 숙소를 잡아주는 경우는 더 나쁜 문제를 불러일으킵니다.
숙소라고 해도 그럴듯한 집을 구해주는 건 아닙니다.
여인숙 같은 걸 잡아주거나, 혹은 아무리 잘해 줘도 월 단위로 세를 주는 오피스텔 정도입니다.

가족이 아닌 일터에서 만나는 사람과 24시간을 같이 합니다.
사람을 좋아하거나 무던한 사람들은 상관없겠지만 **삶과 일을 분리하고자 하는 사람들에게는 퇴근해서도 고역**일 수 있습니다.
쉬고 싶은데 옆에서 맥주 마시고 TV 보고 잘 때 코를 골면 너무 괴롭죠.

게다가 상사랑 같은 숙소에서 지내면 시도 때도 없이 업무 얘기를 하거나, 상사에게 걸려오는 수주사의 압박 내용이 다 들려오거나 하는 일도 있습니다.

프로젝트 발주자들이나 수행사도 이런 거 잘 알고 있습니다. 그래서 지방 프로젝트는 단가가 센 편입니다.
단가는 세고 지방에서는 어차피 할 일도 없으므로 돈을 모으기에는 최상의 선택일 수도 있습니다.

물론 여러분이 정규직이라면 해당은 없습니다. 지방에서 일하든 서울에서 일하든 딱 월급만큼만 여러분에게 지급될 테니까요.

6.10. 급하게 잡은 프로젝트는 체해요.

세상은 넓고 프로젝트는 많습니다.
모든 프로젝트는 다 다르고, 다른 만큼 장단점이 있지요.
장단점이 골고루 배분된 건 아닙니다. 장점이 더 많은 곳도 있
고 단점이 더 많은 곳도 있습니다.
돈이 없다고 아무 프로젝트나 잡아서 들어가면 체하기 마련입
니다.

누가 들어도 의심스러운 상황인 프로젝트들이 있습니다.
프로젝트 막판인데 개발자를 보충한다거나, 프로젝트 규모에
비해 투입 인원이 적다거나, 구체적으로 무슨 일을 하는지 안
알려 준다거나, 프로젝트 이름에 차세대가 들어간다거나, 인
터뷰하는 곳과 실제 근무처가 다르다거나, 그럴 이유가 없어
보이는데 돈을 평균보다 많이 준다거나 하는 프로젝트들이요.

의심스러운 프로젝트는 안 들어가는 게 더 낫습니다.
도무지 정체 모를 이상한 프로젝트에도 합류하는 사람들이 있
으니 나쁜 환경에서도 일을 시킬 수 있구나…. 라는 인식이 아
직 팽배한 겁니다.

7장. 평범하게 살기

사람으로써의 SI 개발자에 대해 다룹니다. 근무지로서의 SI 말고 사람처럼 살기 위한 이야기를 합니다.

7.1. 돈 보고 일하는거죠.

SI의 가장 큰 장점은 돈 입니다.

소프트웨어 개발자는 KOSA 에서 정하는 기술자 평균임금이
라는 단가표에 따라 돈을 받습니다.
등급별 표준 임금은 2018년까지 발표하고 2019년부터는 IT
직무별 평균 임금을 발표합니다.
2018년 기준으로 초급기술자는 월평균 4,486,165원, 중급은
4,986,758원, 고급은 6,353,006원, 특급은 8,451,914원입
니다.
2020년 기준으로 응용 소프트웨어 개발자는 6,395,094원, S
W 아키텍트는 8,132,265원 IT PM은 7,582,109원입니다.

물론 저 금액 전부를 받는 것은 아니고 갑·을·병 정무···. 로
이어지는 하청 구조에서 조금씩 업체가 가져갑니다.
그렇다고 해도 금액 자체가 적지는 않습니다.

돈을 많이 주기 때문에 월화수목금금금을 해도 야근을 해도
그런가 보다 여기는 분들도 많습니다.
돈을 많이 주기 때문에 혼자 뭔가 만들고 설계하고 대박이 나
는 드라마 속의 개발자와는 전혀 다른 모습도 잘 받아들입니
다.
너무 바쁘면 돈을 쓸 시간이 없어서 통장에 돈이 많이 모이는
장점도 있습니다.

7.2. 힘들고 더러운 건 어디나 똑같습니다.

SI가 힘들고 더러워서 떠나야겠다는 글을 참 많이 봅니다.
그런데 말입니다. 힘들고 더러운 건 어디나 똑같습니다.
어딜 가도 일을 하는 것 자체가 에너지를 소비하는 일이기 때
문에 힘듭니다.

사람에 치이는 것은 어딜 가도 똑같습니다.
많은 업무 분량은 투입 대비 최대 효과를 지향하는 자본주의
의 특성상 당연한 겁니다.

많은 분이 말씀하십니다. 스타트업이 SI보다 나아요. 솔루션
회사가 SI보다 나아요.
여기서 잘 생각해봐야 하는 건 세상 모든 일은 장단점이 있는
거고, 그렇게 말씀하시는 분들의 성향과 내 성향이 일치하는
지에 대한 문제입니다.

개발 직무를 떠나서 기획자 등으로 전업하시는 분들도 많이
봤습니다.
무언가를 만드는 스트레스가 굉장하기 때문이라고 이야기 들
었습니다.
하지만 그렇게 전직하신 분 중에서도 개발자일 때는 겪지 않
았던 문제 때문에 여전히 힘들어하시는 모습도 많이 봅니다.

IT 자체를 떠나는 사람도 있습니다.
그렇지만 IT를 떠난다고 해서 힘들고 더러운 일이 안 생긴다
는 법은 없습니다.
돈을 번다는 행위 자체는 내가 누군가에게 자본을 투자하거나
노동력을 투자하는 행위이고, 노동력을 투자한다는 것은 나의
에너지를 사용한다는 뜻입니다.
나의 에너지를 사용한다는 것은 늘 힘듦이 함께 오는 것입니

다.

만약 현재 있는 직장이 힘들고 더러운 일이 없거나 적다면, 그 곳이 본인의 성향과 맞는 곳입니다.

본인이 종사하지 않는다고 해서 다른 업계를 깎아내릴 이유는 없습니다.

7.3. 정년 보장

SI는 정년 보장을 **기대할 수 있습니다.**

정년을 보장한다는 뜻이 공무원처럼 특별한 문제가 없으면 은퇴할 때까지 국가가 책임져 준다는 의미는 아닙니다.
요새는 일반 사기업도 이런 경우는 잘 없죠.

다만 본인이 하고 싶은 의지만 있다면 정년, 혹은 정년을 넘어서도 일을 하는 것은 문제 없어 보입니다.
SI는 만성 인력 부족에 시달리고 있고, 일할 수 있는 인력은 적으니까요.

10여 년 전에는 개발자의 정년은 40세라는 말이 공공연하게 떠돌았었습니다.
그 당시를 회상해보면, 실제로 40세가 넘은 개발자가 별로 없었습니다.
개발자가 별로 없던 시기라 1세대 DOS 시절의 개발자를 제외하고는 대부분 40세를 안 넘었었거든요.

그 당시에 있었던 논리 중에는 프로젝트를 발주하거나 시키는 입장에서 나이가 너무 많으면 싫어한다는 이야기도 있었습니다.
그런데 시간이 지나 생각해보니 지금 "갑" 사의 발주 인원도 나이가 많아졌고, 개발 PM들의 연령대도 올라갔습니다.
지금 프로젝트의 관리자 역할을 맡고 계시는 분들은 보통 아무리 적게 봐 줘도 40대 초반, 보통 40대 중후반대, 심심치 않게 50대까지도 있습니다.
이분들도 아직 한참 동안 일을 하실 나이기 때문에 저희가 나이를 먹는다고 해서 그분들보다 나이가 많아지지는 않으므로 크게 걱정하지 않아도 됩니다. 나이는 모든 사람이 똑같이 먹으니까요.

지금 SI 현장에 와 보면, 머리가 하얗고 아무리 좋게 봐줘도 50대는 되어 보이는 분들도 많이 계십니다.
노약자 우대 같은 게 아닙니다. 이분들이 오랜 시간 동안 쌓아 올린 개발 노하우가 아직도 현장에는 많이 필요하기 때문입니다.

40대에서 개발자를 그만두는 이유 중 하나는 체력적인 문제가 더 많아 보입니다.
확실히 사람은 나이가 들어가면서 젊었을 때의 체력을 유지하기는 쉽지 않습니다. 그래서 오히려 자기관리가 중요해진 시대가 되었습니다.

주 52시간 근무제가 2018년 7월부터 시행되었습니다. 이제 주 52시간 이상은 근무를 시킬 수가 없습니다.
물론 업계는 고효율을 위해서 특례업종 지정이나 선택적 근무제 등의 대안을 내놓고는 있지만, 근본적으로는 주 52시간, 즉 1일 8시간 + 주말 1일 6시간 이상은 업무가 불가능합니다.
이제 월화수목금금금은 불법을 저지르는 감수를 하면서 진행해야 하므로 SI의 근무 여건은 많이 좋아지고 있는 편입니다.

같은 금액을 지급하고 훨씬 더 일을 많이 시킬 수 있었던 시절은 끝났으니 같은 업무량을 처리하기 위해서는 더 많은 사람을 고용해야 하는 겁니다.
그렇다고 급여가 내려가거나 할 것 같지도 않습니다. 어차피 뭔가는 만들어야 하니 개발자는 필요하고 공급보다 수요가 많은 상태에서는 개발자가 사업자보다 협상의 우위에 있게 됩니다.

환경이 좋아지는 만큼 사람이 더 필요한 환경에서 정년을 유지하기는 어렵지 않을 것 같습니다.

7.4. 개발자의 급여

개발자 신입 연봉은 2020년 기준 대략 2000만원 초중반에서 3000만 원 초중반 정도입니다.

3년만 지나면 급여가 달라집니다.
한 회사에서 3년 동안 있다고 해도 급여가 엄청난 속도로 올라가는 일은 없으므로 보통 개발 실력에 자신이 붙은 3년 차쯤 프리랜서로 전향합니다.
3년 차 쯤 되면 초급 개발자이고 SI 기준으로 400-450만 원 정도 월 단가를 받습니다.
정규직으로 남아있을 경우 초봉에서 약 1,000만 원 정도 올라있을 겁니다.

5년 차가 넘어서 중급이 되면 프리랜서 기준 450만 원 ~ 600만 원 사이가 됩니다. 보통 550선에서 왔다 갔다 합니다. 일반 회사의 직원일 경우 연봉 4000만 원 ~ 5000만 원 남짓입니다.

9년 차쯤 되면 고급 개발자가 됩니다. 프리랜서 월 단가가 600만 원 -700만 원 사이 정도 됩니다. 일반적으로 650선에서 정리됩니다. 일반 회사 직원의 경우 연봉이 6000만 원-7000만 원 사이가 됩니다.

급여가 대단히 많은 것 같지만, 여기에는 함정이 살짝 도사리고 있습니다. 많은 사람은 개발에 실력이 붙기 전인 3년 차 이전에 그만둡니다.

끈질기게 버틴 사람 중 중급자가 되면 다시 절반이 그만둡니다. 초급자일 때는 시키는 것만 잘해도 칭찬받았었는데 중급자가 되면 알아서 해야 하는 일이 많아지기 때문입니다.

중급을 버티고 고급 경력자가 되면 다시 절반이 떨어져 나갑니다. 이번엔 실력 문제가 아니라 체력적인 문제 때문입니다.

추가로 고급 경력이 되면 특별한 일이 없는 한 연봉 상승세가 현저하게 떨어집니다. 운이 없어서 회사가 프로젝트를 수주 못 하거나 하면 급여가 삭감되는 일도 있습니다.
만약에 급여가 삭감되었다고 해도, 일반적인 회사원이 받을 수 있는 금액 중에서는 결코 적은 금액은 아닐 거라 생각합니다.

7.5. 스스로 행복하려고 하는 거라는 것을 잊지 말아요.

우리는 개발자입니다.

그렇다고 개발에 목숨을 거는 것이 당연하다는 뜻은 아닙니다
.

우리의 인생은 우리 스스로 행복해지려고 내 시간과 노동력을 투입해서 돈으로 환산하고 있다는 것을 절대 잊으시면 안 됩니다.

개발을 기한 내에 끝내는 것은 굉장히 중요하지만, 그것이 여러분이 당연하게 누려야 할 권리를 포기해야 한다는 것을 의미하는 것은 아닙니다.

프로젝트가 인생의 전부인 양 생각하지 마시고 한 걸음 물러나서 생각하는 능력이 필요합니다.

7.6. 월급이 밀리면 당장 그만두세요.

월급이 밀리면 의리고 뭐고 필요 없습니다.
월급이 밀리는 업체라는 건 며칠이라도 현금흐름이 좋지 않으면 바로 망할 수 없는 업체라는 뜻입니다.
바꿔 말하면 언제든지 쓸 수 있는 현금이 직원들 월급의 합계만큼도 없다는 뜻이죠.
이런 회사는 상위 회사에서 주는 돈을 받아서 바로 직원들에게 주는 회사입니다.

만약 급여가 나오지 않으면 퇴사를 통보하시고 SI 원청 분들에게 말씀하세요. 아마 높은 확률로 상위 업체는 돈을 지급했을 것이고 현재 업체는 돈을 여러분에게 안 준 거니까요.
만약 여러분이 일을 잘해서 인정을 받았다는 전제가 있다면 원청 분들은 계약 회사를 바꿔서라도 SI 현장에 남게 조치해 줄 가능성이 있습니다.
여기서 어쩔 수 없지 나가라…. 라는 이야기를 들으면 뭔가 제대로 일을 못 했다는 반증으로 이해하시면 됩니다.

못 받은 돈은 고용노동청에 신고하시면 며칠 내에 받으실 수 있습니다.

7.7. 돈도 많이 줘요.

SI는 돈을 많이 줍니다.

특히 프리랜서들한테는 더 많이 줍니다.

사실 내려오는 단가는 똑같은데 직원은 사대보험을 비롯한 수많은 공제 항목과 회사의 비용 충당을 위해 SI 업체의 직원은 상대적으로 조금 덜 받기는 합니다.

SI에서 일하시는 분 중에는 돈 때문에 일하시는 분들도 많습니다.

바쁘면 돈 쓸 시간이 없어서 오히려 돈이 많이 쌓입니다.

7.8. 야근은 안하면 그만

야근 지옥이라는 말 많이 들어보셨을 겁니다. 그런데 사실 야근은 하지 않아도 큰 상관 없습니다.
대신 야근 안 하고 퇴근하려면 본인이 맡은 바를 다 끝내놓아야 한다는 전제가 있습니다.
할 일을 다 안 끝내고 퇴근 시간이라고 집에 가면 다음 날 자기 책상에 다른 사람이 앉아있는 모습을 보실 수도 있습니다.

남들 다 일하는데 일어나기 눈치 보이나요? 남의 시선 같은 거 신경 쓰지 마세요.

하지만 웬만큼 손이 빠르지 않은 이상 온종일 일해도 업무가 남아있는 기적이 보통의 모습일 겁니다.
집에 일찍 가면 일이 없나 보다 하고 일을 더 주거든요.
그럴 때는 그냥 더 하셔야 합니다.

만약 남들의 1.5배의 분량으로 일하고 있는데도 야근 하지 않는 거에 대해 뭐라고 한다면 당당하게 이야기하셔도 됩니다.
"나는 남들의 1.5배를 일한다. 그래도 더 하라고 한다면 나는 프로젝트를 나갈 것이다."
당신이 필요한 사람이면 상대는 더는 업무를 주지 않을 것이고 아니라면 다음날 책상에 다른 분이 앉아계시겠죠.

결론은 "필요한 사람이라면 야근은 필요 없다" 입니다.

7.9. 일이 별로 즐겁지 않을 수도 있어요.

내 일이 아니니까 일이 별로 즐겁지 않을 수도 있습니다.

여러분이 사장님이 아니니까 당연히 여러분 일은 아닙니다.

요새는 아무도 가족처럼, 내 일처럼 해라…. 라고 말하지 않는 시대잖아요.

어떤 분야에 가도 일이 마냥 즐거운 사람은 거의 없습니다. 사장님도 똑같습니다.

작은 팁 하나, 사소하게 알게 된 것 하나라도 찾아내고 즐거워하세요.

누군가를 위한 게 아니에요. 이런 게 내 행복이 되죠. 보람을 찾아내세요.

7.10. 주 52시간제 시행과 SI의 근로 시간

주 52시간 제 시행이 된 지 2년이 지났습니다.
법의 취지는 한 주에 52시간 이상 근로를 할 수 없게 하는 법입니다.

300인 이상 사업장은 2018년 7월부터, 50인~299인 이하는 2020년 1월 1일부터, 5인~49인 사업장은 2021년 7일부터 적용됩니다.

주 52시간은 (주중 1일 8시간 * 5일) + (주말 1일 6시간 * 2일)을 기준으로 합니다.

기존에 SI 업계는 월평균 최소 58.1시간 ~ 최대 81.6시간의 초과 근로가 있었다는 2019년 기사 가 있습니다. 대충 평균 잡아서 69.85시간이네요. 한 달을 4주라고 어림잡을 때 한 주당 17시간을 초과 근무한 셈입니다.
이런 초과근무에 대응하기 위해 먼저 Blotter의 기사 에 따르면 정부는 일단 공공기관부터 시작해서 지침을 만들고 시행하겠다는 내용이 있습니다.

탄력적 근로 시간제와 선택적 근로 시간제로 대체하자는 의견도 있습니다.
탄력적 근로 시간제는 3개월 이내에 주당 64시간을 넘기지 않는 범위 내에서 근무시간을 조율할 수 있고 평균 근무시간이 주당 52시간을 넘지 않으면 되는 방식입니다.
선택적 근로 시간제는 1개월 이내에 주당 52시간을 초과하지 않는 범위 내에서 자유롭게 시간을 선택하는 방법입니다.
어느 쪽이든 평균 초과 근로 시간 69.85시간보다는 **짧**군요.

이제 관건은 SI 업계에서 주 52시간 제를 실제로 지키느냐 여부입니다.

우선 대기업은 잘 지킵니다. 정부의 근로감독을 강하게 받고 있기 때문입니다.

중소기업은 2020년부터 시행되었습니다. 아직은 시행착오를 겪고 있는 것으로 알고 있습니다. 하지만 예전처럼 기준 없이 무작정 시키는 일은 줄어들고 있습니다.

50인 미만의 사업장은 2021년부터 시행이라서 아직 시행되지 않았기 때문에 해당이 없습니다.

그래서 요새는 프로젝트를 발주할 때 규모를 50인 이하로 나누어서 발주하는 이상한 곳도 있습니다. 49명짜리 프로젝트를 3개 발주하는데 사실은 다 연결된 프로젝트인 겁니다. 주 52시간 제 근무는 사업장의 규모를 기준으로 하므로 이런 식으로 발주한다고 해서 법적으로 회피가 가능한 일인지는 잘 모르겠는데 일단 주 52시간 제를 피하고자 하는 의도가 보입니다.

부작용도 있습니다.

모 회사 같은 경우 기존에는 무조건 퇴근 시간 - 출근 시간 - 점심시간 1시간 = 8시간으로 계산하던 것을 "화장실 가려고 자리에서 일어난 시간은 근로 시간으로 치지 않는다."라는 방침을 세운 곳도 있는 것으로 알고 있습니다.

아무리 열심히 일하는 사람도 하루에 30분-1시간 정도는 자리를 비우죠. 화장실도 가야 하고 커피를 타러 갈 수도 있고 정수기에 물을 뜨러 갈 수도 있고 흡연자의 경우에는 담배를 피우러 가는 시간도 있을 겁니다. 이 시간을 근로 시간으로 안 치겠다는 거에요.

하지만 근로기준법상 하루 근무 시간이 8시간인 경우에는 1시간 이상의 휴식시간을 주어야 한다는 규정이 있어서 추가적인 정부의 제제가 들어갈지는 잘 모르겠습니다.

7.11. 휴가 발생 기준

SI에서 일하면 공공연하게 휴가가 없다는 이야기를 들을 때가 있습니다.

법적으로는 그렇지 않습니다. 국내 노동법은 노동자의 편입니다.

정규직 개발자들은 1년에 15회 휴가가 부여되고 1년 미만 근로일 때는 1개월 만근 시 1회의 휴가가 생깁니다.
프리랜서의 경우 연간 계약을 하는 것이 아니므로 1년 미만 근로자로 간주하여 1개월당 1회의 휴가가 다음 달에 생깁니다.

이 규정은 특정한 장소에서 근로감독을 받으면서 근무하는 사람들을 위한 제도입니다. 재택근무나 원격근무에는 해당하지 않습니다.

SI는 재택이나 원격 근무는 특수한 경우가 아니면 없으므로 SI 근로자 대부분이 위 규정을 준용한다고 생각하면 됩니다.

7.12. 내 휴가를 왜 내마음대로 쓰지를 못하니?!

법적으로 정해져 있다고 해도 지키지 않는 회사 많습니다. 매일매일 쳐내야 할 일이 쌓여 있는데 하루 쉬면 일정이 밀린다고 생각하는 겁니다.
그래서 휴가가 있어도 잘 못 쓰는 경우가 많습니다.

휴가가 남아있다고 해서 남들 다 바쁘고 야근하고 밤새우고 주말 출근하는데 혼자 휴가 가기에는 눈치 보일 수도 있습니다. 눈치가 보여도 그냥 다녀오시는 분들도 있고 넘기시는 분들도 있지요.
그래서 휴가는 "갈 수 있을 때" 다녀오셔야 합니다. 조금이라도 한가할 때요.

만약 법적 권리만을 내세워서 휴가를 가면 어떤 일이 생길까요?
당연히 갈 수 있습니다 :)
다만 다녀오고 난 후 사람들의 눈길이 곱지 않을 수 있습니다. 평소에 한 행실에 따라서 다른 꼬투리를 잡아 프로젝트에서 내보낼 수도 있습니다.

이러다가 보면 눈치만 늘어요. 가고 싶은데 못 가죠.
어찌 보면 파견근무라는 근로의 사각지대에 있는 사람들의 비애랄까요.

7.13. 돈을 받으면 돈의 가치를 해야 해요.

돈을 받고 일을 하는 걸 프로페셔널 이라고 부릅니다. 줄여서 프로죠.
돈을 많이 받든 적게 받든 받은 것만큼의 일은 해야 합니다.
돈은 많이 받고 싶지만 일은 적게 하고 싶은 마음은 누구나 다 있습니다만, 그걸 내버려둘 만큼 다들 호락호락한 것 같지는 않습니다.

돈은 받았지만 나는 초급이니까, 중급이니까 잘하지 못해도 돼…. 라는 마음가짐은 고이 접어서 쓰레기통에 버리시는 것을 추천합니다.

일반적으로 회사는 한 사람을 유지하는데 그 사람 월급의 1.8 배를 손익분기점으로 계산합니다. 200만 원을 월급으로 받는다면 380만 원 이상 돈을 회사에 벌어와야 하죠.
초급 단가를 대충 400만 원이라고 계산해도 한 달에 760만 원 이상의 가치는 해야 합니다
.

회사는 모르겠고 나는 내 인생을 살으리렸다 라고 마음먹으신다고 해도 아무도 신경 쓰지는 않습니다만 저 같은 경우에는 한때 그런 마음으로 일했더니 실력이 퇴보하는 것이 느껴져서 그 이후로는 돈 받은 만큼은 일하려고 애쓰고 있습니다.
안 그러면 조기 은퇴할 것 같아서요.

7.14. 생계형 개발자가 어때서?

개발자 커뮤니티에 보면 매일매일 퇴근하고서도 코딩하고 주말에는 세미나 참석하고 모임 만들고 하시는 분들 많습니다. 세상 살면서 한 번도 안 들어본 기술에 대해서 말씀하시는 분들도 가끔 보입니다.

그럴 때마다 나는 개발자가 아닌가…. 라는 자괴감에 빠지기 쉽습니다.

그리고 개발자 커뮤니티 중에는 왠지 기술에 목숨을 걸지 않으면 개발자의 자질이 없는 사람이라고 몰아가는 경우도 종종 보죠.

하지만 생계형 개발자로 사는 삶이 비난받을 것은 아닙니다. 그냥 라이프 스타일이 다른 거잖아요.

코딩덕후같은 스타일이어야만 개발자가 되는 건 아닙니다. 집에 가면 코딩은커녕 컴퓨터도 켜기 싫은 사람도 직업으로써의 개발은 잘하시는 분들이 대다수입니다.

신기술에 큰 관심 없어도 현재 사용하는 회사의 기술은 아주 잘 아시는 분들도 많지요.

생계형 개발자라고 자조 섞인 태도를 보일 필요도 없고, 다른 사람이 생계형 개발자라고 비난하는 것도 그다지 좋은 태도 같지는 않습니다.

7.15. 과다한 책임감은 질병을 부릅니다.

우리는 어렸을 때부터 책임감을 가지고 살라고 교육받으면서 자라났습니다.
덕분에 우리는 우리가 잘했을 때도, 잘못했을 때도, 뭔가 잘 되고 있을 때도, 잘 안 될 때도 책임을 지려는 태도가 몸에 배어있습니다.

책임감은 몹시 중요합니다. 책임감이 없다면 업무를 마칠 수조차 없을 테니까요.
그렇지만 과다한 책임감은 질병을 부릅니다. 스트레스일 수도 있고 과다 근무로 인한 합병증일 수도 있습니다.

내가 책임져야 할 범위를 명확히 하세요.

7.16. 남탓 하지 말아요.

남 탓을 해 봤자 별 소용은 없어요.

사람은 쉽게 바뀌지 않고 보통 욕을 먹는 사람들은 다른 데서도 늘 욕을 먹으며 살아왔기 때문에 웬만큼 욕을 먹어서는 끄떡도 하지 않습니다.

무엇보다도 남 탓을 한다고 해도 문제의 원인이 해결되는 건 아닙니다.

남 탓 할 시간에 체념하거나 무덤덤해지거나 혹은 제일 앞에 나서서 어떻게든 바꿔보거나 하는 게 훨씬 정신건강에 이롭습니다.

남 탓 하는 푸념은 하는 사람에게는 한풀이겠지만 듣는 사람은 고역입니다.

7.17. 워라벨을 포기하라고요?

워라벨은 워크 라이프 밸런스. 일과 삶의 균형이죠.
SI를 하면 워라벨을 포기하라는 이야기들을 많이 들으셨을 겁니다.

그런데 이런 이야기는 정작 SI 현장에 계신 분들은 거의 안 합니다. 대부분 사람들은 일 끝났으면 일찍 퇴근하라고 하거나, 혹은 퇴근하든 말든 그다지 관심이 없어요.
실제로 SI를 경험해 보지 않았거나 예전에 겪어본 사람들이 가끔 잘 모르면서 말씀하시더군요.
혹은 SI성 개발에 적응을 못 해서 남들 집에 갈 때 늦게까지 남아계시는 분들도 이렇게 말씀하시죠.

아주 가끔은 옛 생각에 젖어서 "난 할 일이 없어도 야근하면서 실력을 키웠어." 라고 말씀하시는 분들도 있는데, 그건 그분들의 선택이었고 그러한 선택이 지금 탄탄한 토대가 된 것도 부정할 수는 없을 것입니다.
하지만 본인이 걸어온 길을 타인에게 강요한다는 것, 일이 없어도 야근을 당연시하는 것이 지금에도 유일한 방법인지에 대해서는 회의적입니다.

옛날에는 개발 공부를 할 방법은 책 혹은 소스코드가 유일했습니다. 그래서 책으로 이론을 익히고 사업장 내 다른 사람이 작성한 코드를 보면서 실무 코드를 익히는 하는 방법밖에 없었습니다.
지금은 블로그에 개발 강의가 범람하고, 온라인 강좌도 넘쳐흐릅니다. 유튜브 재생목록에는 무료로 기술을 가르쳐 주는 사람들이 조회수가 나오지 않는다고 투덜대는 세상입니다. 따라하기식 튜토리얼도 잔뜩 있습니다. 이론을 익히는 방법이 책이 전부가 아닙니다.

Github에는 대부분의 프레임워크가 오픈소스로 공개되어 있습니다. 관심이 있다면 스프링 프레임워크 도 열어서 구현체를 볼 수 있습니다. 다른 사람의 소스코드는 얼마든지 볼 수 있습니다.

오히려 외부 접속이 꽉 막혀있는 근무지보다는 퇴근 후 집이나 카페에서 추가적인 공부를 하는 편이 훨씬 더 효율적일 수 있습니다.

시대도 흐르고 사람들도 변합니다. 변화가 느리다는 뜻이 변하지 않는다는 뜻은 아닙니다.

워라벨을 포기하는 프로젝트는 완전히 복불복입니다. 운이 좋으면 프로젝트 내내 워라벨을 지킬 수 있습니다. 반면 운이 없으면 프로젝트 내내 워크만 할 수도 있죠.

아주 좋은 프로젝트라고 해도 프로젝트 상황에 따라 늘 칼같은 퇴근을 보장할 수 있는 건 아닙니다. 상황에 따라 통합테스트를 하거나 배포, 혹은 오픈이 여러 차수로 나누어져서 1차 2차 오픈 이런 식으로 나누어져 있다면 밤늦게 남아있기도 합니다.

그런데 이런 이벤트성 야근은 업무가 밀려서라기보다는 혹시나 싶은 상황에 대한 대응에 가깝습니다.

모든 프로젝트가 다 워라벨이 없이 흘러가고 인생 전부가 워크로만 점철되는 일은 잘 없습니다. 너무 걱정말아요.

7.18. 왜 SI 사람들은 유난히 힘들다고 말하는 걸까요?

SI에서 일하시는 분들은 일부러 더 힘들다고 SI 외부 사람들에게 말하는 경우가 많습니다.
세상 어디든 자기가 하는 일은 다 힘들기 마련입니다만, 유난히 더 힘듦을 강조하는 건 한편으로는 **진입장벽을 치기 위함**도 있습니다.

낮은 학벌, 비전공, 나이 불문으로 진입해서 3년만 지나면 삶에 큰 지장이 없는 급여를 받고 평생 그다지 공부하지 않으면서 살아가는 삶은 누군가가 보기에는 꿈일 수도 있습니다.
그래서 SI에서 일하는 사람 중에서는 SI에 신규 인원이 진입하는 걸 싫어하는 분들도 있습니다.
특히 고인물, 개발 실력은 고만고만한데 근근이 버텨온 사람들은 더욱더 그렇습니다.

개발 혹은 업무에 특화된 사람은 SI가 힘들다는 말 잘 안 합니다. 어차피 신규 인원이 진입한다고 해도 본인은 살아남을 자신이 있으니까요.

이도 저도 아니고 그저 경력만 쌓인 사람들은 무섭습니다. 신규 인원이 진입하면 수요와 공급의 법칙 중 공급이 늘어난다는 의미이고, 공급이 늘어나면 비싼 인력을 상대적으로 저렴한 인력으로 교체할 가능성이 커진다는 의미이고, 어느 순간 비싼 인력은 경쟁력이 없는 한 밀려난다는 사실을 본능적으로 알아서 힘들다는 소문을 퍼뜨리고, 그 소문이 더 와전되어 크게 번져나가기를 기대합니다.

7.19. 사람은 다 쉬어야 해요.

인간은 쉬지 않으면 더 많은 실수를 유발할 뿐입니다.
아무리 단순 노동이라고 해도 사람이 잠을 못 자고 정신이 온
전하지 못한 상태에서 뭔가를 하면 실수할 일이 많아집니다.
고용주 입장에서야 GE(General Electronics)의 식스 시그
마(six Sigma) 같은 방법론에 근거해서 같은 비용으로 더 많
은 결과를 뽑아내는 것이 최적이라고 생각할 수도 있습니다.
착각입니다.

만약 철야를 해서 정신이 멍한 상태로 열심히 코딩했다고 합
시다.
끝일까요? 아닙니다. 다음날 멍한 정신에 코딩한 결과가 엉망
진창이어서 롤백을 하거나, 심지어는 다른 시스템에 영향을
미치거나 하는 결과가 나올 가능성이 더 큽니다. 고용주가 간
과한 것은 실수했을 경우의 기회비용입니다.

사람은 쉬어야 합니다. 한 가지 일에만 매진하고 환기를 하지
않으면 더 나쁜 결과를 부릅니다.

7.20. 시간당 단가 계산법

시간당 단가를 계산해 보면 우리는 비싼 인력이 아닐 수도 있습니다.
프리랜서 초급 단가가 약 400만 원 정도라고 계산해 보겠습니다.

가장 먼저 이상적인 근무 시간을 상정하고 계산하겠습니다.
주 40시간 근무 입니다.
보통 사람은 한 달에 21.5일 정도 일합니다. 휴일 빼고 명절빼고 휴가 빼고 주말 빼고요.
하루에 초급 개발자가 받는 일당은 400 / 21.5 = 18.6만 원정도입니다.
하루에 8시간 일한다고 계산해보면 18.6 / 8 = 2.3만 원입니다. 시급 2.3만 원이라니 엄청나군요.
과연 그럴까요?

한 주에 법정 한도 52시간을 꽉 채워서 일한다고 가정해 보겠습니다.
한 달이 4주라고 생각하면 52 x 4 = 208시간입니다.
400 / 208 = 1.9만 원이군요. 2.3만 원에 비교했을 때 내 4천원은 어디 갔죠?

현실적으로 주당 SI 근무 시간 평균인 69.85시간을 기준으로 계산해 볼까요?
400 / (69.85 x 4) = 1.43입니다. 시급 1.4만 원이죠.
참고로 2020년 최저 시급은 8,590원입니다. 아무런 기술 없이 누구나 할 수 있는 일을 했을 때 8,590원을 받는 다는 뜻이에요. 1.43 -0.859 = 0.571이므로 당신의 시간당 기술 가치는 0.571만 원이 됩니다. 5,700원이요.

월급 실수령액이 250만 원이라고 가정하고 계산해 볼까요?

- 주당 40시간 근무 시 : 250 / (40 x 4) = 1.56만 원
- 주당 52시간 근무 시 : 250 / (52 x 4) = 1.2만 원
- 주당 69.85시간 근무 시 : 250 / (69.8 x 4) = 0.89만 원

간신히 최저 임금을 넘어가는군요.

돈은 많이 주지만, 근무시간이 길다면 시간당 단가는 당연히 낮아집니다. 돈이 전부가 아니라 돈을 받고 일하는 시간을 같이 계산해야 합니다.

8장. 프리랜서 개발자 라이프

이 장은 개정판에서 추가되었습니다. 몇 가지 항목은 다른 장에서 옮겨왔습니다.

8.1. 프리랜서를 쓰는 이유

프리랜서는 비쌉니다.

비싼데도 쓰는 이유는 프리랜서는 유지 비용이 나가지 않기 때문입니다.

프리랜서에게는 사대보험도, 고용을 유지할 의무도 없습니다. 그냥 필요한 기간 만큼만 잠시 계약을 맺고 업무를 진행하면 됩니다.

프로젝트를 일 년 내내 수주할 수 있는 역량이 있는 회사도 많지 않지만, 역량이 있다고 해도 프로젝트의 규모가 유동적인 상황에서 모든 인원을 정규직으로 채용하기에는 너무 유지비용 리스크가 큽니다. 일이 없어도 직원들 월급은 지급해야 하기 때문입니다.

반대로 직원수가 모자란다고 해서 프로젝트를 수주 하지 않을 수는 없습니다. 수주 = 수입 이니까요.

그래서 프로젝트를 수주하고 모자란 인원을 프리랜서로 채우게 됩니다.

프리랜서 입장에서도 이런 점을 잘 알고 있으므로 본인들을 필요로 하는 곳으로 옮겨 다니게 됩니다.

8.2. 프리랜서를 바로 해도 상관없지만

프리랜서의 급여를 보고 혹하시는 분들 많으실 거라 생각합니다.

하지만 프리랜서는 진짜 전문가여야 합니다. 본인의 업무는 **혼자** 처리할 수 있어야 합니다.

프리랜서가 정규직에 비해 높은 급여를 받는 것은 본인의 일을 똑바로 할 수 있을 것이라는 기본적인 합의가 깔려 있기 때문입니다.

아무것도 못 하고 멍하니 자리에 있다면 다음날부터 출근하지 말라는 통보를 들을 수 있습니다. 계약직이므로 언제든지 내보낼 수 있으니까요.

오히려 프리랜서가 되면 남들이 모르는 걸 물어봤을 때 대답해 줄 수 있을 정도의 실력은 돼야 합니다.

다른 사람의 도움을 받아야지만 업무를 완료할 수 있는 미완성의 개발자가 프리랜서 시장에 나오게 되면, 본인 스스로도 힘들지만 다른 전문가적인 능력을 갖춘 프리랜서들의 입지를 깎아내리는 일밖에 안 됩니다.

8.3. SI 프리랜서는 디지털 노마드가 아닙니다.

프리랜서라고 하면 우아하게 커피 마시면서 카페에서 노트북으로 일한다거나, 집에서 늦게 막 일어나서 눈 비비며 책상으로 걸어가는 사람들을 생각하기 쉽습니다.
물론 일부 직종 일부 분야에서는 그렇게 일하는 분들도 계실 테지만, 이런 건 미디어가 **디지털 노마드** 라고 이름 붙여 만들어낸 허상에 가깝습니다.

실제로 SI에서 프리랜서라는 건 언제든지 해고가 가능한 **계약직의 다른 이름**입니다.
특정 사업장으로 출근하고, 근태를 감독받고, 일반 직장인처럼 일합니다.
재택근무를 하는 프리랜서분들도 있으시겠지만, 이런 분들은 SI 분야에는 아주 희소합니다.

SI는 사실 대부분 외부에서 접근도 할 수 없는 환경에서 일합니다. 일하는 내부망과 외부와 접속되는 외부망이 분리되어 있고 내부망에 접근하려면 인가가 필요합니다. 외부망은 막혀 있는 경우도 많습니다.
업무를 하려면 DBMS도 접속해야 하고 VCS 에도 접근해야 하고 때에 따라서는 메신저나 사내 메일 시스템 등 인프라에 접근해서 일해야 하는데 사업장 외부에서는 보안상 불가능합니다.
사업장 안에서도 만약을 위해 보안 프로그램이 최소 2~3개는 깔리는 환경에서 일하는 것이 당연한 SI에서 외부에서 접속해서 업무를 한다는 것은 불가능에 가깝습니다.
팀뷰어나 크롬 원격 데스크탑같은 원격 프로그램을 떠올릴 수도 있습니다만, 정보 유출을 이유로 그런 프로그램은 설치 자

체가 불가능합니다

따라서 SI 프리랜서가 외부에서 일한다는 것은 불가능합니다.

한 사업장에 같이 있다고 해도 우리 파트가 아니어서 말 한마디 해 볼 기회가 없는 다른 파트의 사람들을 보면 그분이 어느 회사의 정규직인지 프리랜서인지 알 수도 없습니다. SI에서 프리랜서는 그저 계약 형태가 다른 근로자입니다.

8.4. SI 프리랜서 일자리 구하기

비정규직 개발자(디자이너, 웹 퍼블리셔) 가 (단기) 일자리를 구하는 방법을 알려드립니다.

잡코리아 / 사람인 등의 잡 포털 이용하기
경력이 3년 차 정도 되면 프로젝트 수행도 몇 건 해 보았을 것이고, 경력기술서에 쓸 말도 몇 글자 있습니다. 이제 잡코리아 / 사람인 등의 잡 포털에 이력서를 올려놓습니다.
특별한 일이 없다면 하루에도 수십 통씩 전화가 옵니다. 저는 제가 콜센터인줄 알았습니다.

자바 개발자라면 okky job 항목을 이용해도 됩니다.
okky job 게시판에 가 보면 하루에도 수십 개씩 구인 정보가 올라옵니다.

이메일로 확인하기
잡포털에 이메일 주소를 공개로 해 두면 보도방에서 이메일 주소를 취득 후 주기적으로 이메일을 보내줍니다.
제 기준으로 거의 영양가 없는 경우가 많습니다만 가끔 괜찮은 프로젝트가 나올 때가 있으니 구직 중이라면 읽어보는 것도 괜찮습니다.

현재 구직 중이 아니더라도 가끔 취업 정보는 읽어두시는 것을 추천합니다. 최근 어디에 프로젝트가 나왔는지, 필요한 기술이 어떤 것인지 알아두는 데 유용합니다.

또한, 프로젝트의 개수가 많다는 것은 개발자 수요가 많다는 뜻이므로 프리랜서에게 협상권이 크다는 뜻도 됩니다. 물론 반대의 경우도 성립합니다.

8.5. 스킬 인벤토리

스킬 인벤토리는 개인의 간단한 이력과 한 일에 대해서 정리된 문서입니다. 잡 포털의 이력서 양식과는 조금 다릅니다. 보도방 업체마다 요청하면 다 보내주지만, 혹시 양식이 궁금하시다면 구글에 스킬 인벤토리라고 검색해 보시면 됩니다. 예를 들어 https://m.blog.naver.com/kkson50/1201409 35669 같은 문서입니다.

스킬 인벤토리는 자기소개서 같은 건 없습니다. SI는 평생 같이 일할 동료를 구하는 것이 아니므로 자기소개 같은 건 전혀 궁금해하지 않기 때문입니다.

대부분의 SI 업체나 프리랜서에게는 이런 양식을 요구하기 때문에 프로젝트가 끝날 때마다 정리하고 업무용 이메일에 쌓아두는 것을 권장합니다.

저는 구글 드라이브에 넣어두고 필요할 때마다 수정하고 메일을 보내야 할 때 지메일에서 곧바로 구글 문서를 첨부하는 방법을 사용합니다.

8.6. 프로젝트 관련 통화 팁

잡포털이 됐든 okky가 됐든 다른 경로가 되었든 프로젝트에 투입하기 전에 보통 통화를 하게 됩니다. 서로 의향을 떠보기 위해서입니다.

통화를 너무 길게 하면 현재 업무에 지장이 있으므로 대충 몇 가지 항목만 물어보고 일단 끊습니다.

- 위치 : 출퇴근 거리가 너무 멀면 곤란하므로 위치를 물어봅니다.
- 단가 : 한 달에 얼마나 주는지 물어봅니다. 대답은 "그렇군요." 정도면 충분하고 괜찮은지 여부는 굳이 대답하지 않아도 됩니다.
- 하는 일 : 업무 도메인이 뭔지 물어봅니다. 금융, 공공…. 이런 구분을 말합니다. 가능하면 관심 있는 분야나 잘하는 분야가 좋겠죠.
- 필요한 스킬 : 자바 개발자인데 갑자기 인프라 쪽 일이 있다면 곤란하겠죠? 경력 관리에도 지장이 있으니 패스합니다.
- 근무 시간 : 대부분 9~6시 근무지만 아닌 때도 있으니 간단한 체크가 필요합니다. 저는 24시간 대기라고 하는 곳에서도 연락이 온 적이 있습니다. 당연히 거절했습니다.

가장 중요한 것은 통화 마지막에 "제가 연락이 너무 많이 와서 다 기억을 못 하는데 내용 이메일로 보내주시겠어요?"라고 정중히 요청하시는 겁니다. 이 요청을 거절하는 업체는 한 번도 못 봤습니다.

이메일은 업무용으로 따로 하나를 만드세요. 업무용 이메일은 업무처에서 새로 만드는 일도 있지만, 개인 것을 사용하는 때도 있으니 사생활과 분리하고 싶으시면 따로 만드시는 걸 추천합니다.

이메일을 다 점검하고 괜찮다 싶으면 메일 내용에 회신을 주시면 됩니다.
"ㅇㅇ 프로젝트에 관심이 있습니다. 스킬 인벤토리 보내드릴 테니 인터뷰 진행해 주시겠어요?" 정도의 내용이면 됩니다.
이제 보도방은 원청 혹은 상위 업체에 프리랜서가 보낸 스킬 인벤토리를 전달하고, 원청 혹은 상위 업체가 스킬 인벤토리를 확인 후 괜찮은지 인터뷰를 진행할 것인지 결정합니다.
보도방은 인터뷰 진행 의사를 전달받고 다시 프리랜서에게 연락을 줍니다. 이때 인터뷰에 편한 시간을 잡으시면 됩니다.

인터뷰는 가능하면 하루 휴가 내시고 하루 만에 몰아서 보시는 것을 추천합니다. 휴가를 여러 날 내기도 힘들거니와 낸다고 해도 매일 인터뷰를 보다 보면 지겨워져서 될 대로 돼라지 …. 라는 기분이 드는 경우가 많기 때문입니다.

8.7. 프리랜서 대면 인터뷰하기

보도방과 원청 혹은 상위 업체와의 인터뷰 일정이 잡혔으면 이제 인터뷰를 하러 가면 됩니다.

가능하면 인터뷰 동선도 잘 짜는 게 움직임을 최소화하는 방법입니다. 강남에서 종로, 다시 강서로 움직이면 이동하다가 시간 다 보냅니다. 퀵서비스 기사님들처럼 여러 동선을 효율적으로 짜는 것도 하다 보면 요령이 생깁니다.

인터뷰 장소에 도착하면 보도방에서 받은 연락처로 전화하세요. 보도방 직원이 인터뷰 장소에 오는 일도 있지만 아닌 경우가 더 많습니다. 연락처와 이름만 던져주고는 알아서 인터뷰하라는 것입니다. 참 돈 벌기 쉽다는 생각이 들지만 타인의 일은 원래 쉬워 보이는 법이므로 크게 신경 쓰지 않기로 합니다.

인터뷰를 진행하세요. 대부분의 인터뷰는 1) 프로젝트 소개 2) 내가 가진 스킬 물어보기 3) 같이 일할 의사 4) 언제부터 출근 가능한지 순서로 진행합니다. 프로젝트에 따라 질문은 다르겠지만 크게 틀을 벗어나지 않습니다.

인터뷰 때 이런 곳은 조심하세요. 프로젝트 내내 같은 태도가 이어질 가능성이 큽니다.

- 위압적이고 강압적인 태도를 보임.
- 인터뷰하는 사람이 안 씻은 티가 남.
- 잘난척함.
- 야근이나 주말 출근 이야기를 함.

8.8. 같이 일하면 안되는 보도방 걸러내는 법

가장 먼저 연락을 받고 이메일을 받은 후 검색해 봐야 하는 것은 구글에 보도방 이름을 입력해 보는 것입니다. 높은 확률로 1~2페이지 안에 IT 노조 사이트가 나올 겁니다.

IT 노조 페이지를 확인해 보세요. 당연히 욕이 많을수록 같이 일하면 안 되는 회사입니다.

아무것도 나오지 않는다면 깔끔하게 일하는 곳입니다. 아니면 욕을 너무 많이 먹어서 사업자만 새로 내고 이름만 바꾼 채 일하는 곳들도 있습니다. 후자를 걸러낼 방법은 현실적으로 조금 어렵지만, 대표나 영업담당자 이름을 구글에 검색해 볼 수도 있습니다.

잡플래닛은 신경쓰지 마세요. 잡플래닛은 정규직을 위한 곳이므로 보도방이 어디있는지도 모르는 프리랜서 입장에서는 별로 신경쓸 것이 없습니다.

대신 잡플래닛은 실제로 일 할 원청의 평판을 검색할 때 쓰세요.

다음으로 조심해야 할 곳은 인터뷰 결과를 말 해주지 않는 곳입니다.

원래 보도방은 대부분 인터뷰 결과가 나오기 전 / 후가 극단적으로 갈리는 경우가 많습니다. 인터뷰 결과가 나오기 전에는 간 쓸개도 빼 줄 것처럼 조아리지만, 결과가 나오고 나서는 대부분 태도가 싹 바뀝니다.

인터뷰에서 원청 혹은 상위업체가 OK 하고 나면 급여를 본인이 주는 것으로 생각하시는지 갑자기 거들먹거리기 시작하는 분들이 가끔 있습니다. 주로 대기업 출신으로 퇴직하시고 인맥을 기반으로 사람장사를 시작하시는 분들에게 보이는 태도입니다. 사람들에게 갑질하는 태도가 몸에 밴 겁니다. 저는 이런 태도를 보이시면 그냥 프로젝트가 마음에 들어도 같이 일 안 한다고 합니다. 그러면 대부분 태도가 바뀌시더군요.

다음으로 괘씸해서라도 다음에 같이 연락이 오면 무시해야 하는 곳들이 인터뷰 결과를 말 해주지 않는 곳입니다.
일자리를 구한다는 것은 사람을 필요로 하는 기업도 여러 사람을 인터뷰하지만 반대로 프리랜서도 여러 업체를 취사선택할 수 있다는 뜻입니다. 기업과 프리랜서가 서로 의향이 일치해야 함께 일하는 것이죠.
그런데 괘씸한 업체는 인터뷰 결과가 거절이었을 때는 연락을 하지 않습니다. 프리랜서로서는 여러 프로젝트를 조율 중이고 서로 인터뷰 일자나 투입날짜, 최종 결정 날짜가 프로젝트별로 다 다르므로 더 마음에 드는 프로젝트가 있어도 먼저 연락이 온 곳에 답변해 줘야 하는 경우가 생깁니다. 그런데 괘씸한 업체의 경우 연락이 없으므로 프리랜서들에게 혼란을 주고 나중에 나 몰라라 하는 경우가 많습니다. 이런 업체들은 나중에 함께 일하게 되어도 자신에게 불리한 이야기는 전혀 하지 않으므로 피해는 고스란히 프리랜서가 입는 경우가 많으므로 피하세요.

서로 필요로 만나는 사이니까 서로 예의를 지킵시다.

8.9. 종합소득세 계산해 보기

프리랜서의 경우 매년 5월에 전년도의 소득을 기준으로 종합소득세 신고를 합니다. 직장인이 매년 연말정산을 하는 것과 같습니다.

이때 프리랜서의 전년도 수입을 기준으로 종합소득세를 납부해야 합니다. 운이 좋다면 환급받을 수도 있고 아니면 세금을 내야 합니다.

세금은 구간에 따라 다릅니다. 매년 기준은 조금씩 달라지므로 2020년 기준으로 말씀드립니다.

- 연 소득 2400만 원 이하 : 간편장부 혹은 단순경비율을 적용합니다. 소득이 낮고 경비율이 높으므로 세금을 거의 납부하지 않습니다.
- 연 소득 2400만 원 ~ 7500만 원 : 기준경비율을 적용합니다. 경비율이 낮아서 간편장부를 기재하는 편이 이득입니다. 간편장부를 기재하는 것이 어렵다면 세무사분과 상담하세요.
- 연 소득 7500만 원 이상 : 복식부기 의무입니다. 복식부기는 개인이 처리가 어려우므로 반드시 세무사분과 협의하세요.

경비율이란 "돈을 벌기 위해 지출했다고 인정되는 비율"입니다. 예를 들어서 1,000만 원이 수입인데 경비율이 30%라면 300만 원을 제외하고 700만 원만 수입으로 인정하는 것입니다. 수입이 낮아지기 때문에 당연히 세금도 줄어듭니다.

컴퓨터 프로그래머의 경우 업종 코드는 940909 로 단순경비율 = 기본율 64.1%, 초과율은 49.7%입니다. 기준경비율은 1

9.2%입니다.

실제 소득에 따른 세율 구간은 아래와 같습니다.

- 1,200만 원 이하 : 6% | 누진 공제액 없음
- 1,200만 원 ~ 4,600만 원 : 15% | 누진 공제액 1,080,000
- 4,600만 원~8,800만 원 : 24% | 누진 공제액 5,220,000
- 8,800만 원~1억 5천만 원 : 35% | 누진 공제액 14,900,000
- 1억 5천만 원~3억 : 38% | 누진 공제액 19,400,000
- 3억~5억 : 40% | 누진 공제액 25,400,000
- 5억 초과 : 42% | 누진 공제액 35,400,000

실제로 세금을 계산해 보겠습니다.

초급 프리랜서 개발자 A는 작년 수입이 4,000만 원이었습니다. 월 단가 400만 원으로 10달을 일했고 2달은 공실이었습니다.

간편장부는 사람에 따라 다르므로 기준경비율 19.2%를 적용합니다.

- 공제율 : 수입 * 기준경비율 = 4,000만 원 * 0.192 = 768만 원
- 기준 수입 : 수입 - 공제율 = 4,000만 원 - 3,232만 원
- 기준세금 : 기준 수입 * 세율 = 3,232만 원 * 0.15 = 484만 원
- 최종세금 : 기준세금 - 누진 공제액 = 484만 원 - 108

만 원 = 376만 원

최종 산출 식은 아래와 같습니다.

((수입 − (수입 * 기준경비율)) * 세율) − 누진 공제액

굉장히 금액이 많습니다. 4000만 원에 376만 원이면 수입의 9.4%가 세금이 됩니다. 월 급여로 계산해 보면 400만 원에서 37만 6천 원이 세금으로 나갑니다. 실수입은 362만 원이 됩니다.
여기에 인적공제 등 각종 사람에게 있는 공제액을 제외합니다. 이 부분은 사람마다 모두 다르므로 특별히 계산하지 않습니다.

개인적으로는 세무사분들에게 종합소득세 처리를 맡기시는 것을 추천해 드립니다. 홈택스 시스템이 잘 되어 있으므로 클릭만으로 세금을 조회하고 낼 수 있게 되어 있습니다만 세무사분들은 어디서 절세를 할 수 있을지 가장 잘 아시는 분들입니다.
세무사에 따라 다르지만 보통 10만-20만 원 정도의 금액으로 종합소득세 신고를 대행합니다. 만약 절세 금액이 많다면 금액은 올라갈 수 있습니다.
전문가에게 맡기는 것을 돈 아까워하지 마세요. 여러분도 전문가로 일하면서 돈 버시는 거잖아요.

8.10. 프리랜서, 직장인과 다르게 지출해야 하는 것들

A. 원천징수

원천징수는 월 급여를 받을 때 보도방에서 떼고 주는 돈을 말합니다. 선이자 같은 개념은 아니고, 보도방도 이 돈을 나를 대신하여 국가에 세금으로 낼 의무가 있습니다. 소득세 3% + 지방소득세 0.3% = 3.3%입니다.

3.3%를 공제하고 급여를 받기 때문에 월 단가 400만 원에 계약했을 때 13.2만 원을 공제하고 386.80만 원을 받습니다.

B. 종합소득세

종합소득세 계산은 복잡하므로 종합소득세 섹션을 참고하세요.

C. 건강보험료

일반적인 회사원의 경우 건강보험료는 회사와 직원이 반반 부담합니다. 프리랜서는 그런 거 없습니다. 건강 보험상 프리랜서는 비정규직 노동자이므로 (정식) 직장이 없습니다. 따라서 직장가입자가 아닌 지역가입자로 분류됩니다. 지역가입자는 직장가입자와 비교하면 건강보험료가 비쌉니다. 이유는 모르겠습니다.

건강보험료도 가족구성원이 어떻게 되어 있는지에 따라 내야 할 금액이 다릅니다. 나이, 소득, 자산 등 구성요소에 따라서도 다릅니다. 따라서 건강보험공단에 전화해서 지역가입자로 전환했을 때 내야 할 금액을 미리 알아보시는 것도 좋습니다.

D. 국민연금

국민연금도 건강보험료와 같습니다. 지역가입자가 되는데요. 수입이 없으면 반드시 낼 필요는 없지만, 전년도 수입이 있으면 어차피 국민연금이 자동으로 책정되어 우편함에 꽂혀있는 것을 보실 수 있습니다.

E. 공실률

공실률은 일하지 않는 기간을 말합니다. 일하지 않으니 당연히 수입이 잡히지 않습니다. 일자리가 무제한으로 있다고 자랑하시는 분들도 있으시겠지만, SI의 경우 평균 1년 12달 중 10달 정도 일하고 2달 정도는 다른 일자리를 찾는 기간 이거나 다음 일 자리가 결정된 후 투입때까지의 공백기간으로 수입 없이 ~~지출만 열심히 하면서~~ 보냅니다. SM의 경우 평균 1달 정도인 것 같습니다. 이 기간은 돈을 벌지 않기 때문에 수입이 0원입니다.

F. 퇴직금

퇴직금 별것 아니라고 할 수도 있지만, 정규직의 경우 1년에 1달 월급 정도가 퇴직금이 됩니다. 즉 사실상 정규직의 경우 월급 + (월급 / 12) 가 실수령액인 셈입니다. 프리랜서는 그런 거 없습니다.

G. 세무사 비용….

큰 금액이든 아니든 간에 1년에 한 번은 종합소득세 신고를 해야 하므로 세무사 비용이 들어갑니다.

8.11. 프리랜서, 반드시 사업자를 내야 할까?

결론부터 말하자면 프리랜서 대부분은 사업자를 내지 않습니다.

사업자가 필요한 경우는 프로젝트를 턴키로 수주받아서 처음부터 끝까지 책임지는 경우입니다. 단순 비정규직 노동자로 프로젝트 기간 동안만 근로를 제공하고 월 급여를 지급받는 형태라면 필요 없습니다.

요구하는 곳도 없습니다.

8.12. 상주 프리랜서의 타입 3가지

근무처에 나가서 일정 시간 근무를 하는 상주 프리랜서의 3가지 유형에 대해 알아봅시다.

SI와 SM에 대해서는 잘 알고 계실 거에요. 추가로 기업에 들어가서 일하는 형태의 프리랜서에 대해서도 말씀드릴게요.

A. SI
이 책의 주제입니다. 새로운 시스템을 구축하죠. System Integration의 약자입니다.

3개월, 6개월 식으로 프로젝트 기간이 정해져 있습니다.

주 업무는 일하기, 야근하기, 밤새기, 욕먹기, 커피 마시기, 내가 봐도 이해가 안 되는 시스템 만들기, 버그 만들기, 기능 다운그레이드하기입니다.

SM에 비해서 단가는 약 30-50만 원 많습니다. 노동강도는 더 셉니다.

B. SM
SI가 만들어 놓은 시스템을 유지 보수합니다.

프로젝트 기간은 시스템이 없어질 때까지입니다. 다만 프리랜서의 계약 기간하고 혼동하면 안 되는 것이, 프리랜서의 계약은 보통 10달~1년 단위로 끊어서 합니다. 계약 기간의 정함이 없는 계약을 하게 되면 노동법에 따라서 정규직 전환 의무가 생기기 때문입니다.

주 업무는 전화 받기, 회의하기, 고객에게 욕먹기, 시스템 개발한 SI 개발자 욕하기, 커피 마시기, 기존의 이상한 시스템 바꾸기. 버그 고치기. 기능 업그레이드하기입니다.

별로 급할 건 없으므로 대부분 칼퇴근합니다.

SI에 비해서 단가는 약 30-50만 원 적습니다.

C. 기업에서 일하기

진정한 비정규직 노동자입니다. 기업에서 일하고 하는 일도 정규직과 별반 차이가 없습니다.

물론 정규직이 누리는 혜택은 누릴 수 없습니다. 상여금, 퇴직금 등을 포함하여 기업이 제공해주는 복지는 당연히 없습니다.

반면 정규직이라면 필수적인 행정적인 업무에서도 어느 정도는 자유롭습니다. 각종 보고 체계를 비롯하여 책임에서는 정규직에 비해 간결합니다.

난이도가 높은 일을 하지 않습니다. 기업 대부분은 정규직에 더 많은 혜택을 주는 대신 더 많은 책임과 업무를 맡깁니다. 프리랜서 개발자도 예외는 아니어서 코어에 해당하는 업무를 맡기지 않습니다.

프리랜서를 비정규직 노동자로 고용하는 기업은 어느 정도 규모가 있는 기업인 경우가 많기 때문에 근무 환경은 정규직과 비슷합니다. 비슷한 책상과 비슷한 의자를 제공해 줍니다. 회사에 따라서는 PC도 지급하는 경우도 있습니다.

단가는 천차만별입니다. 그냥 비정규직 노동자의 급여를 주는 곳도 있고 SI / SM 단가를 맞추면서 하는 곳도 있습니다.

상대적으로 SI/SM에 비해서 들어가기가 어렵습니다. 타이밍과 운이 좋아서 들어가는 경우가 있고, 절반 정도는 인맥을 통해 들어갑니다.

마냥 좋은 것은 아닙니다. 여기서는 정직원이 아니라는 이유로 은연중에 받는 차별이 꽤나 스트레스로 다가오는 순간들이 있습니다. 혼자서 뭔가를 하는 것에 익숙하지 않으시다면 쉽게 적응하기 힘듭니다.

8.13. 장비 지참

개발 직군에서 장비라는 건 사실 굉장히 명료합니다. 노트북(혹은 PC) 과 주변기기 (모니터, 키보드, 마우스)…. 가 끝입니다. 물론 추가로 노트북 받침대라던가 크래들이라던가 휴대전화 충전기라던가 이어폰이라던가 ~~라꾸라꾸라던가~~ 하는 일반적인 사무실에 필요한 물품도 있을 수 있습니다만, 여하튼 일하는 데 필요한 최소한의 장비만 있으면 됩니다. 가방 하나에 다 들어가죠.
장비를 지참한다는 건 내 노트북을 가지고 가서 일하면 된다는 뜻입니다.

노트북은 가능한 성능이 좋은 거로 구매하세요.
노트북은 프리랜서가 가진 두 번째로 큰 무기입니다. 물론 첫 번째는 실력이죠.

사양이 안 좋아서 빌드 한 번 하고 서버 재시작하는 데 몇 분씩 걸린다면 그만큼 개발 생산성이 떨어진다는 뜻입니다. ~~퇴근 일찍 하고 싶으시면~~ 램도 가능하면 많이 꽂아 넣으시고, CPU도 최신 사양으로 맞추세요. 2020년 기준으로 최소 i5-8세대 이상을 권합니다. 램은 적어도 16GB 이상은 있어야 해요.

그렇다고 게이밍 노트북 이런 걸 살 필요는 없습니다. 게이밍 노트북은 크고, 무겁습니다. 그래픽 카드가 유난히 좋은 걸 게이밍 노트북이라고 부르기 때문에 게임 개발을 한다거나 디자인 작업을 할 게 아니면 굳이 게이밍 노트북을 살 필요는 없습니다. 게다가 이런 작업을 할 때는 대부분 데스크톱을 쓰죠.

잘 망가집니다.

운이 좋아서 쾌적한 사무실에서 일하게 되었다면 해당이 없겠지만 그렇지 않다면 침침하고 퀴퀴하며 습기가 많을 수도 있고 최소한 컴퓨터 때문에 열기가 어마어마한 환경에서 끊임없이 컴퓨터를 혹사하며 일하다 보면 당연히 잘 망가집니다.

그냥 2년에 한 번은 새로 산다고 생각하세요.

보안 프로그램도 보통 설치하는데, 이 보안 프로그램이라는 게 인터넷 뱅킹처럼 뱅킹할 때만 작동되는 게 아니라 내가 인터넷 하는 걸 다 보고 있는 모 사의 백신처럼 컴퓨터를 구석구석 탐지합니다. 갑자기 컴퓨터가 느려진 것 같아 작업관리자를 켜 보면 특정 보안 프로그램이 디스크 점유율을 100% 쓰고 있는 걸 볼 수 있습니다. 여러분의 프로젝트는 여러분을 믿지 않기 때문에 뭔가 나쁜 짓을 하는지 감시하는 겁니다. 이런 걸 맨날 하고 있으면 당연히 성능에 무리가 갑니다.

마치면서

개발자가 SI 정글에서 살아남는 방법에 대해 정리해 봤습니다.

여기에 있는 것이 모든 SI 업계를 대변하지는 않습니다.
지면으로는 차마 하지 못할 내용도 있습니다.

결국 SI 업계도 사람이 사는 곳입니다. 때로는 치사하고 때로는 어처구니 없고 때로는 힘들지만, 결국은 우리가 생존을 위해서 가끔 즐거움을 느끼며 사는 곳입니다. 그저 일터로써의 SI 현장에 대해 바라봐 주시고, 너무 나쁜 편견들이 있었다면 조금이나마 편견을 떨쳤으면 좋겠습니다.

이 글이 절대적인 가이드가 되기 보다는 아무것도 모르는 상태를 조금 더 밝혀주기를 바라며 글을 마칩니다.

질문이 있으시다면 ysedeveloper@gmail.com 으로 보내주세요. 가능한 성심껏 답변해 드리겠습니다.

긴 글 읽어주셔서 감사합니다.

생계형 개발자, SI에서 살아남기 (개정판)

발 행 | 2020년 12월 11일
저 자 | 연서은
펴낸이 | 한건희
펴낸곳 | 주식회사 부크크
출판사등록 | 2014.07.15.(제2014-16호)
주 소 | 서울특별시 금천구 가산디지털1로 119 SK트윈타워 A동 305호
전 화 | 1670-8316
이메일 | info@bookk.co.kr

ISBN | 979-11-372-2726-2

www.bookk.co.kr